습관은 반드시 실천할 때 만들어집니다.

좋은습관연구소의 38번째 좋은 습관은 '데이터 마인드 기르는 습관'입니다. 데이터 분석, 꼭 데이터 과학자나 분석가만이 다룰 수 있는 것은 아닙니다. 현업의 실무자(기획자, 마케터)도 자기 일에 데이터를 활용해야 하는 시대입니다. 그러려면 가장 최소한의 지식과 분석법이 필요합니다. 이 책은 데이터 분석을 해 본 경험도 없고 별다른 분석 기술도 없는 실무자에게 '가장 기초적인 수준'에서 데이터 분석법과 사례를 보여주며, 왜 실무자가 전문 분석가보다 더 나은 의사결정이 가능한지를 알려줍니다. 분석가가 없는 중소기업의 실무자라면 이 내용을 익혀 그동안 자신이 했던 의사결정이 올바른 것인지 그렇지 않은 것인지 확인하고 검증하는 기회로 삼았으면 합니다. 오랫동안 여러 기관에서 함께 실습하며 정리한 내용인 만큼 비전문가 입장에서 가장 현실적으로 활용 가능한 분석법입니다.

데이터 마인드 기르는 습관

DATA MIND

구자룡 지음

좋은습관연구소

일러두기

본서에서 사용한 예제 데이터 파일과 분석 도구는
다음의 URL에서 다운로드할 수 있다.

https://bit.ly/43uoVjm

데이터는 기술이 아니라 마인드다

"앞으로는 석유나 금이 아니라 데이터가 지구 상에서 가장 값진 자산이 될 것이다." 트렌드 분석가인 마크 펜은 『마이크로트렌드 X』에서 이렇게 주장했다. 이제는 누구도 이 말을 부정하지 않는다. 데이터를 다룰 줄 알면 누구나 지금의 시대를 '현명하게' 살아갈 수 있다. 여기서 현명하다는 것은 문제를 정확히 인식하고 적절하게 의사결정하는 것을 말한다.

데이터는 어떤 현상의 단편을 포착하여 수치화 혹은 기호화한 것이다. 좋은 데이터는 자유롭게 변환되고 활용된다. 좋은 데이터를 반복적으로 수집하고 분석하게 되면 신뢰할 수 있는 결과를 도출할 수 있다. 마치 구슬을 꿰듯 분석을 통해 새로운 가치를 부여하면 데이터가 글자나 숫자에 불과한 것이 아니라 값진 자산이 되는 것과 같다. 이때 빅데이터냐 스몰데이터냐는 별로 중요하지 않다. 데이터의 양이 아니라 의사결정에 도움이 되는 데이터가 있으냐 없느냐가 중요하다. 문제를 정의하고, 좋은 데이터를 수집하고, 분석하는 절차, 이것을 가능하게 하는 힘이 바로 "데이터 마인드"이다.

데이터 마인드는 누구에게 필요할까? 누구에게나 필요하다. 그런데 이 말을 두고 누구나 전문적으로 데이터 과학을 해야 한다고 오해해서는 안 된다. 데이터 과학은 전문가들의 영역이다. 마치 내가 자동차를 만들 필요가 없는 것과 같다. 나는 만들어진 자동차를 운전만 잘하면 된다. 데이터 마인드는 운전 능력에 해당한다. 차를 운전하기 위해 운전석에 앉으면 무의식적으로 안전 벨트를 매듯, 문제 해결을 위해 데이터를 찾아보고 활용하는 일이 자연스러우면 된다. 그러다 보면 어느 순간 데이터를 자유자재로 다루는 나를 발견한다. 데이터를 습관처럼 다루는 것과 같다.

다시 정리해보면, 데이터 마인드를 기르는 가장 빠른 방법은 스스로 분석 경험을 많이 쌓는 것이다. 운전 연습을 많이 하면 할수록 운전 실력이 향상되는 것처럼, 운전면허증만 있으면 모두가 운전할 수 있듯, 컴퓨터만 있다면 모두가 데이터 분석을 할 수 있다.

　데이터 마인드를 기르기 위해 이 책의 1부에서는 데이터 리터러시가 무엇인지 그리고 해당 역량을 어떻게 기를 것인지 설명한다. 2부에서는 직접 데이터를 분석해보는 셀프 데이터 분석을 다룬다. 3부에서는 데이터 기반의 의사결정 사례를 살펴본다. 4부에서는 데이터 마인드를 높이는 방법에 대해 알아본다. 그리고 부록에서는 챗GPT를 이용한 데이터 분석 방법과 현업에서 자주 하는 질문, 참고할 만한 책 몇 권을 소개한다.

　데이터 마인드를 기르기 위해서는 생각하고, 생각하고 또 생각해야 한다. 그리고 연습하고, 연습하고 또 연습해야 한다. 이제 데이터로 현명해질 시간이다.

2024년
저자 구자룡

목차

프롤로그 데이터는 기술이 아니라 마인드다   5

1부. 데이터 리터러시에 대한 이해

1   데이터로 나만의 관점을   13

2   문제 정의가 먼저다   20

3   스몰데이터도 중요하다   27

4   데이터는 팩트가 아니다   36

5   데이터 분석의 복병, 통계   44

6   나의 데이터 리터러시 역량   56

2부. 현업 실무자의 셀프 데이터 분석

7   나도 이제부터 데이터 분석가   67

8   어떤 데이터 분석 도구를 선택해야 할까   74

9   분석해보기(1): 트렌드 분석으로 신사업 구상 해보기   93
      (스마트폰 사진, 구글 트렌드)

10   분석해보기(2): 2차 데이터에서 신제품 아이디어 얻기   110
      (빅카인즈)

11 분석해보기(3): 텍스트 데이터에서 핵심키워드 찾기   121

   (형태소 분석, 파워BI)

12 분석해보기(4): 정량 데이터로 결론 도출 해보기   138

   (기술통계, 가설검정, A/B 테스트)

13 분석해보기(5): 시각화로 쉽게 통찰하기   148

   (파워BI)

14 여전히 중요한 조사 분석의 원칙   167

3부. 데이터 기반의 의사결정(마케팅 사례 중심으로) ─────────

15 트렌드 분석에 의한 상품 기획   177

16 A/B 테스트를 활용한 마케팅 의사결정   184

17 고객 세분화에 의한 타겟 마케팅   191

18 알고리즘에 의한 추천과 예측 마케팅   198

19 데이터 기반의 고객 경험 마케팅   206

20 데이터 기반의 구독 서비스 마케팅   215

4부. 데이터 마인드 높이는 방법 ──────────

21 데이터가 아니라 데이터 사고력   225

22 빅데이터가 아니라 빅 싱킹   234

23 결과가 아니라 결론 도출   240

에필로그 데이터 마인드로 통찰력을 길러라   250

참고. 더 읽어보기   1   챗GPT를 활용한 데이터 분석   255

             2   현업 실무자와의 Q & A   283

             3   데이터 마인드 강화를 위한 도서 추천   291

1부

데이터 리터러시에 대한 이해

1 데이터로 나만의 관점을

디지털 세상에서 누가 살아남을까? 누가 경쟁력을 발휘할 수 있을까? 아날로그 시대에는 데이터든 지식이든 개인의 머릿속에 기록되어 혼자서만 이용 가능했다. 하지만 디지털 시대에는 일상에서 일어나는 모든 일이 데이터로 기록되고 네트워크로 확장되어 누구나 활용할 수 있다. 지금은 데이터를 다룰 줄 아는 사람만이 생존 경쟁에서 살아남는 세상이다.

데이터를 다루는 것은 선택이 아니라 필수다. 필자는 데이터를 읽고 쓸 줄 아는 능력을 '데이터 리터러시Data Literacy'라고 정의한다. 리터러시는 문해력이다. 문해력文解力은 사전적 의미로 글을 읽고 쓰고 이해하는 능력이다. 따라서 '데이터 리터러시'와 '데이터 문해력'은 같은 말이다.

다만 문해력이라고 할 때, 뉘앙스가 읽고 쓰고 이해하는 정도로 제한되는 느낌이 있다. 그래서 데이터를 전반적으로 다룬다는 넓은 의미로는 '데이터 리터러시'가 보다 적합하다. 그리고 데이터 리터러시를 포함, 데이터로 현상을 이해하고 문제를 해결하고 의사결정하는 과정 전체를 총괄하는 사고력을 필자는 '데이터 마인드^{Data Mind}'라고 정의한다.

데이터의 중심에 내가 있다

우리는 성능이 뛰어난 휴대용 컴퓨터(스마트폰)를 주머니에 하나씩 넣고 다닌다. 과거와는 달리 데이터의 수집과 분석을 위한 도구는 일상 속으로 들어와 있다. 한때는 운전면허증과 컴퓨터 활용 능력이 특별한 능력으로 취급된 적이 있지만 지금은 누구나 갖고 있는 일상 능력인 것처럼, 데이터를 다루는 능력 또한 그렇게 될지 모른다.

설문조사를 하고 싶다면 구글에서 제공하는 문서 양식으로 설문지를 만들고 이를 이메일이나 문자로 또는 소셜미디어에 올려 응답을 요청하면 된다. 응답받은 자료는 스프레드시트 형식으로 실시간 저장되고, 통계 분석은 구글이 해준다. 이 정도는 누구나 한 번쯤 해봤을 것이다.

좀 더 나아가 깊이 있는 통계 분석을 하고 싶다면 설문 데이터를 엑셀로 저장한 다음, 엑셀의 데이터 분석 메뉴나 KESS[1](엑셀에 추가 설치해 메뉴처럼 사용할 수 있다) 같은 프로그램을 이용해도 된다. 시각화(분석 결과를 보기 쉽게 그래프나 도표 등의 이미지화 하는 것)도 마찬가지다. 엑셀의 피벗테이블과 피벗차트를 이용하면 간단히 만들 수 있다. 그리고 좀 더 전문적으로는 마이크로소프트에서 제공하는 파워BI를 이용하는 것도 좋다(파워BI는 엑셀 같은 테이블 형식의 데이터를 가져와 이를 한눈에 볼 수 있도록 도와주는 데이터 활용 도구다).

자동차의 구조 공학을 몰라도 운전하는 데 문제가 없듯, 통계분석 알고리즘을 상세히 몰라도 손쉽게 데이터 분석을 할 수 있는 세상이다. 엑셀, KESS, 파워BI 등을 이용하면 코딩을 하지 않고서도 가능하다. 다만 이렇게 하려면 데이터 분석에 대한 기본적인 이해가 필요하고 어느 정도의 숙련 과정을 거쳐야 한다(그저 되는 것은 없다).

[1] KESS(Korean Educational Statistical Software)는 마이크로소프트의 통합개발 환경(IDE)인 VBA(Visual Basic for Applications)로 작성된 프로그램으로 서울대 통계학과 조신섭 교수가 개발하여 무료로 배포하고 있다. 엑셀이 있어야 사용할 수 있다. 전문적으로 통계 분석을 할 수 있는 통계 패키지로는 SPSS(Statistical Package for the Social Sciences)나 SAS(Statistical Analysis System) 같은 유료 소프트웨어가 대표적이다. 프로그래밍 언어로는 R(The R Project for Statistical Computing)이나 파이썬(Python) 같은 무료 랭귀지가 대표적이다.

이보다 조금 더 쉬운 방법으로는 구글 트렌드 분석이 있다. 요즘 뜨는 이슈(트렌드 등)가 무엇인지 구글 트렌드를 통해서도 알 수 있다. 시간 흐름에 따른 관심도, 지역별 관심도, 관련 주제어, 관련 검색어 등과의 비교 분석도 가능하다. 누구나 무료로 이용할 수 있다.

우리 주변에는 이미 무료로 이용할 수 있는 분석 도구들이 많다. 이를 이용하면 제한적이나마 데이터 수집과 분석, 시각화가 가능하다. 이미 일상에서 느끼고 있는 것처럼 머지않은 시점에 누구나 데이터 리터러시 나아가 데이터 마인드를 갖는 세상이 올 것이다. 그때가 되면 더 이상 역량이라 부를 필요가 없을지도 모른다. 하지만 아직은 많은 사람들이 데이터 리터러시가 무엇인지, 데이터 마인드가 무엇인지 잘 모른다. 이럴 때 내가 한발 앞서 나가야 한다.

데이터의 주인이 되라

관심을 가지고 유심히 들여다보면 보이지 않던 것들이 보인다. 나태주 시인은 "자세히 보아야 예쁘다"라고 했다. 자세히 본다는 것은 세심하게 관찰한다는 의미다. 관심을 갖게 되면 관찰하게 되고 관찰하다 보면 관계를 맺게 된다.

그러다 어느 순간 나만의 관점이 만들어진다. 통찰은 이때 만들어진다.

모두가 데이터 분석가가 될 필요는 없다. 현실적으로 그렇게 되기도 힘들다. 오히려 데이터 분석보다 먼저 고민해야 할 것은 데이터를 통해 무엇을 할 것인가를 정하는 것이다. 데이터로 새로운 비즈니스를 만들 수도 있고, 삶의 방향을 바꿀 수도 있다. 나의 관점에 따라 얼마든지 데이터를 쓸 수도 있다. 데이터의 주인이 되는 것이다. 이 말이 무척 생소하게 들리겠지만 우리는 이미 일상 속에서 많은 경험을 하고 있다.

다이어트에 관심이 있다면 매일 몸무게를 측정한 다음이를 스마트폰 앱에 등록한다(이미 많은 분들이 하고 있다). 앱 서비스가 제공되는 스마트 체중계를 이용한다면, 측정과 동시에 자동으로 데이터가 저장된다. 이렇게 기록된 데이터로 주간, 월간, 연간 트레킹 분석을 하면 변화를 체감할 수 있다. 데이터가 인텔리전스Intelligence(지능)가 되는 순간이다.

최근 당뇨병 분야 국제 학술지인《당뇨병 관리》Diabetes Care에 실린 논문에 의하면, 당뇨병 환자의 자가 관리를 돕는 스마트폰 당뇨병 관리 애플리케이션(헬스온 G)이 환자의 혈당 조절에 큰 도움이 된다고 한다. 손으로 기록하고 관리해온 환자의 혈당 감소치는 평균 0.06%에 그쳤지만, 스마트폰 앱을 이용한 환자는 당화혈색소가 평균 0.40% 떨어졌다. 디지털과 아날로그가 만들어낸 차이다. 디지털로 데이터를 관리할 때 더 좋은 결과를 얻을 수 있음을 보여주는 사례다.

개인이든, 기업이든, 국가든 데이터를 활용하는 사람과 그렇지 않은 사람으로 구분되는 시대에 살고 있다. 디지털 기반의 시대를 살아가는 우리는 어쩔 수 없이 데이터의 홍수 속에서 살아가고 있다. 살아남기 위해서는 데이터 마인드가 필요하다. 두려워할 필요는 없다.

데이터의 의미를 이해하지 못한다면 앞으로 여러 가지 일에서 많은 어려움을 겪을 것이다. 앞으로 데이터 기반의 비즈니스 전개는 너무나도 당연한 흐름이다. 처음에는 어려움이 있겠지만 조금만 적응하면 금방 익숙해진다.

데이터 문맹인지 아닌지 간단하게 체크해 볼 수 있는 진단지가 있다.[2] 데이터 리터러시에 대한 이해를 높이고 어느 정도의 역량을 갖추고 있는지 객관적인 평가가 가능하도록 필자가 개발한 것이다. '데이터와 통계는 팩트가 아니라 경향이다' '정밀한 데이터보다는 정확한 데이터가 더 좋은 데이터다'와 같은 문항 15개로 이루어져 있다.

---

2   〈데이터 리터러시 역량 자가진단 질문지〉로 상세한 설명은 6장에 있으며, 온라인에서 직접 참여해 볼 수 있다.

'아니다' '그렇다' 둘 중 하나를 선택하면 된다. (설문 내용과 해석은 6장에서 소개했다.)

미리 밝히자면, 자가 진단에 앞서 참여한 총 993명의 응답 결과는 30점 만점에 19.15점으로 100점 만점 기준으로 환산하면 63.8점 정도가 된다. 응답자의 특성(대학교 졸업 및 재학 포함 67.8%, 사무/관리/전문직 75.5%, 현업 실무자 59.9%, 평균 나이는 37.4세)을 고려하면 결코 높은 점수라고 하기는 어렵다. 그러니 자신의 데이터 리터러시 점수가 이보다 더 낮더라도 실망할 것까지는 없다. 이제부터 하나씩 익히면 된다. 데이터 과학자 수준이 아니라 나의 의사결정을 도와주는 데이터 증거 확보라는 차원에서 작게 시작하면 된다. 이를 배우고 연습하는 것이 이 책의 목적이다.

작은 문제에서 시작하여 데이터의 범위와 문제의 수준을 점점 더 올린다면, 누구나 자신의 일에서 데이터에 기반한 의사결정과 함께 새로운 사업 기회 등도 모색할 수 있다. 해결해야 할 문제를 정의하고, 필요한 데이터가 무엇인지 결정하고, 어떤 식으로 수집할 것인지 파악하고, 수집 후 적절한 방법으로 분석하고, 의사결정에 활용하는 것까지. 시작은 나만의 관점을 만드는 것, 데이터의 주인이 되는 것에서부터 출발한다.

2 문제 정의가 먼저다

빅데이터를 가지고 있는데 어떻게 사용해야 할지 모르겠다는 기업이 있다. 반대로 연일 뉴스에서 빅데이터를 듣는데, 그런 데이터가 없어서 걱정이라는 기업도 있다. 한마디로 데이터가 있어도 걱정, 없어도 걱정이다. 개인의 경우 데이터 기반의 새로운 프로젝트나 기획을 하지 못하면 업무 능력을 의심받는 분위기도 있다.

Z세대의 직원들은 그나마 R[1]이나 파이썬[2] 같은 데이터

---

[1] R은 통계 계산과 그래픽을 위한 프로그래밍 언어이자 오픈소스 소프트웨어다. 데이터의 가공, 분석, 시각화가 용이하고 데이터 마이닝, 기계학습 분야를 위한 최신 이론들도 패키지로 제공되고 있어 활용도가 매우 높다.

[2] 파이썬은 1991년 귀도 반 로섬(Guido van Rossum)이라는 프로그래머에 의해 개발되었다. 데이터 분석과 모델링을 다루는 통계학부터 딥러닝과 인공지능을 활용하는 곳까지 두루 활용되고 있다.

분석 도구를 배울 기회와 능력을 갖추고 있었다. M세대는 컴퓨터 기반 업무 처리가 익숙하다. 하지만 컴퓨터도, 인터넷도, 스마트폰도 떠밀리듯 배운 X세대는 데이터 기반의 의사결정은 아득하게만 느껴진다. 특히 임원급의 X세대는 데이터를 활용하라는 지시를 내리기는 하지만, 정작 본인은 아무것도 할 줄 모른다는 사실에 자괴감만 든다.

그런데 가만히 생각해보면 앞뒤가 바뀐 것 같다. 데이터와 데이터 분석이 필요한 이유는 우리가 가지고 있는 어떤 문제를 해결하기 위한 것이지, 분석 그 자체를 위한 것은 아니다. 분석을 위해 데이터가 존재하는 것은 아니라는 뜻이다. 그런데 데이터에 집착하다 보니 어느 순간 본질(문제 해결)은 잃어버리고 수단(데이터 분석)이 중요한 것처럼 돼버렸다.

도대체 뭐가 문제야

비즈니스 환경은 끊임없이 새로운 결정을 기다린다. 일상적인 결정은 어느 정도 자동화되어 있지만 중요한 의사결정은 사람이 직접 책임감을 가지고 한다. 이때 데이터의 도움을 받으면 보다 쉽게 통찰할 수 있고 오류도 줄일 수 있다. 하지만 데이터가 없으면 통찰을 못하는 걸까?

중요한 것은 데이터가 아니라 해결해야 할 문제(또는 과제)다. 문제가 무엇인지 정의하는 것이 우선이다. 예를 들어, 시장에 수많은 스낵(과자)이 있고 여러 회사에서 치열하게 경쟁하고 있다. 이 시장은 점유율 싸움을 하는 완전 경쟁 시장이다. 그런데 새로 부임한 사장은 시장을 확대하고 매출을 증대하고 싶어 한다. 이때 문제는 무엇일까? 경쟁이 문제일까? 점유율이 문제일까? 시장을 확대하고 매출을 높이고자 한 사장의 방침이 문제일까? 아니면 데이터가 없는 우리 회사 시스템이 문제일까?

이런 문제에 부딪혔을 때 핵심이 무엇이고 무엇으로부터 모든 것이 파생되는지부터 이해하는 것이 가장 중요하다. 경쟁은 치열하지만 정체된 스낵 시장을 돌파할 새로운 제품이 없다는 것이 문제의 핵심이다. 데이터는 이 문제를 해결하는 데 필요한 여러 요소 중 하나일 뿐이다. 회사 내부에는 매출 데이터도 있고, 과거 진행했던 시장 조사 데이터도 있고, 관능 조사(맛 테스트) 결과도 있다. 하지만 아직 신제품을 가져다 놓고 리서치를 한 적은 없다. 게다가 우리는 선발자도 아니고 시장 지배력도 없다. 여러 신제품을 출시했지만 실패 경험도 많다. 이와 같은 전체적인 상황을 고려한 후 문제 해결에 필요한 데이터가 무엇인지 점검하고 의사결정해야 한다.

다른 예를 하나 더 들어 보자. 중앙 정부, 지방자치단체

(휴전선 인접), 한국관광공사는 비무장지대DMZ가 어떤 이미지를 갖고 있으며 앞으로 공공브랜드(관광브랜드)로 어떻게 활용할 수 있는지 궁금해한다. 일반 기업에서 브랜드 이미지나 브랜딩을 궁금해하는 것과 비슷하다. 이 또한 문제부터 명확히 해야 한다. 먼저 DMZ 관광지를 찾는 분들의 인식 속에 어떤 이미지가 형성되어 있는지부터 확인한다. 그런 다음 브랜드로서 어떤 가치 요소를 정체성으로 삼아야 하는지, 관광객은 물론이고 여러 관련 기관이나 임직원 등을 대상으로 조사한다. 이런 데이터를 갖고서 DMZ의 브랜드를 고민해야 한다.

데이터는 어디에 있지

앞의 스낵의 예로 다시 돌아가 보자. 일단 시장의 특성부터 이해해보자. 어떤 종류와 맛으로 시장 세분화를 하는지, 고객은 이러한 구분에 동의하는지, 아니면 원하는 제품이 없어 마지못해 현재 제품 위주로 구매하는 것은 아닌지 등을 파악한다. 이를 위해서는 스낵의 맛 지도를 그려볼 수 있다.[3] 제품 범주별로 어떤 맛이 있는지 알아보고, 우리 제품

---

3   신정훈(2015), 〈허니버터칩의 비밀〉, 알키.

뿐만이 아니라 시장에서 판매되고 있는 다른 회사 제품도 체크한다. 그러려면 회사 내부보다 외부, 즉 시장에서 데이터를 구해야 한다. 시장 조사가 필요한 사항으로 슈퍼나 마트, 편의점 등에서 기초 데이터를 수집하고, 제조사별 판매액을 수집하거나 추정하여 범주별로 맛의 비중을 계산하여 정리한다. 그러면 하나의 표나 그림(트리맵)이 만들어진다.

DMZ에 대한 이미지를 파악할 수 있는 데이터는 어디에 있을까? DMZ를 알고 있거나 방문한 경험이 있는 사람은 전쟁, 분단, 북한, 군인, 평화, 생태 등의 단어를 떠올린다. 이를 구체적으로 확인해야 한다. 사람들 인식 속에 어떤 단어가 있기는 한데, 직접 조사하지 않으면 분석에 필요한 데이터를 구할 방법이 없다. 그렇게 되면 정책을 추진하는 기관 입장에서는 구체적인 결과물이 아닌 상상을 근거로 의사결정해야 한다. 이때는 설문조사를 통해 1차 데이터를 직접 수집하는 방법밖에 없다. 그 밖에 소셜 미디어나 뉴스에서 언급되는 단어를 수집하여 텍스트 마이닝에 의한 빅데이터 분석도 할 수 있다. 빅카인즈[4](한국 언론진흥재단에서 운영하는 뉴스 빅데이터 분석 서비스)는 키워드 검색을 하고 그 결과를 엑셀 파일로 저장하도록 도와

---

[4] 빅카인즈(bigkinds.or.kr)는 한국언론진흥재단이 운영하는 뉴스 분석 서비스로 종합일간지, 경제지, 지역일간지, 방송사 등을 포함한 국내 최대의 기사 DB에 빅데이터 분석 기술을 접목했다.

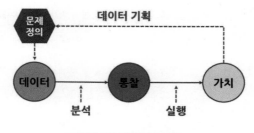

데이터 기반 의사결정 프로세스

준다. 그리고 구글 트렌드를 이용해도 좋다. DMZ가 얼마나 자주 검색되는지, 연관 단어는 어떤 것이 있는지 찾아보면 된다. 문제 해결에 필요한 데이터를 적절한 양만큼 다양하게 수집하는 것이 중요하다.

풀어야 할 어떤 문제가 있다면 이 문제를 해결할 수 있는 데이터는 따로 있다. 엉뚱한 데이터를 갖고 있다면 아무런 의미가 없다. 구매 이력이나 고객 행동 데이터처럼 실시간으로 자동으로 수집되는 것도 있으며, 이런 데이터를 활용해 구매 확률을 계산해 낼 수도 있다. 하지만 이 또한 내가 풀고자 하는 문제와 연관이 있어야 의미가 있다.

데이터가 있어서 분석하는 것이 아니라, 비즈니스 문제를 해결하는 데 필요한 데이터를 수집하고 분석한다는 사실을 잊어서는 안 된다. 이점이 데이터 분석에도 기획이 필요한 이유이다. 데이터 기반 의사결정을 위한 프로세스

를 정리하면 앞의 그림과 같다. 문제 정의가 데이터보다
앞에 그리고 위에 위치한다는 사실을 잊어서는 안 된다.

3 스몰데이터도 중요하다

늦가을 속리산 문장대에서 40대 여성 등산객들을 만났다.
문장대에서 천왕봉으로 이어지는 주능선에서는 60대 후반
으로 보이는 할머니 등산객도 만났다. 해발 1,000미터 정도
의 위치이며 월요일이다. 이곳은 최소 여섯 시간 이상 등산
을 해야 오르내릴 수 있는 곳이다.

　등산 공화국이라는 말을 들을 정도로 주요 산마다 수많
은 인파가 찾아오고, 이들이 소비하는 아웃도어 용품은
큰 시장을 형성하고 있다. 그런데 동네 뒷산이나 둘레길
에서나 보았을 법한 등산객들을 1,000미터 높이의 산에서
만났으니 이상하다. 무엇을 의미하는 것일까? 어떤 현상
의 단서일까?

변화를 감지하는 스몰데이터

트렌드는 어떤 현상이 지속해서 확산되면서 하나의 새로운 문화를 만들어가는 것을 의미한다. 사회적으로는 이미 메가트렌드가 된 현상 즉, 빅데이터로 증명이 되는 현상이다. 하지만 마케팅과 경영 차원에서 메가트렌드를 보고서 사업을 하겠다고 뛰어드는 것은 무모한 선택이다. 대신 이제 막 떠오르기 시작한 마이크로트렌드를 기반으로 사업을 시작하는 것이 낫다. 마이크로트렌드가 메가트렌드가 되고 시장이 커지면서 함께 성장하는 것이 더 나은 선택이다. 하지만 이 역시도 사업 안정화 이후 새로운 변화를 읽지 못하면 곧바로 위기를 맞는다. 이 트렌드가 메가가 될지, 유행으로 끝날지 잘 판단하려면 어떻게 해야 할까?

이런 중요한 순간에 의사결정을 도울 수 있는 것이 데이터다. 앞의 등산객 에피소드로 다시 돌아가보자. 일단 현상은 관찰을 통해 인지한 상황이다. 다만 단 한 번의 관찰이 모든 것을 대변해주지는 않는다. 평일, 중년 여성, 등산이라는 키워드에서 통찰을 얻고자 한다면, 이 상황에 대한 지속적이고 반복적인 데이터 수집과 분석 절차를 가져야 한다. 이때 필요한 것이 최소한의 데이터, '스몰데이터Small Data'이다. 빅데이터가 좋은 게 아닐까, 생각할 수도 있지만 스몰데이터로도 문제 해결을 할 수 있다면 굳이 대량(빅)의 데이터를 수집할 이유가 없다. 시간과 비용만 더 드는 일이다.

빅데이터는 데이터의 양이 대규모고, 종류가 다양하고, 실시간으로 수집할 수 있다는 특징을 갖고 있다. 반면 스몰데이터는 몸짓, 습관, 호감, 비호감, 망설임, 말투, 장식, 암호 등 한 사람의 행동을 관찰하거나, 인터뷰(좌담회)나 설문조사처럼 짧은 시간에 데이터를 수집할 수 있다. 또한 고객의 소리VOC 데이터, 품질 데이터, 거래 데이터 등과 같이 별도로 수집하지 않더라도 자동으로 전산 시스템에 축적되기도 한다. 스몰데이터로 변화를 감지하고 혁신과 가치를 충분히 만들어낼 수 있다면 굳이 빅데이터가 필요 없다.

스몰데이터로 통찰하기

스몰데이터를 잘 사용해 경영 위기를 극복한 사례를 살펴보자. 브랜드 전문가인 마틴 린드스트롬은 레고의 고객이었던 열한 살의 독일 소년을 인터뷰하는 과정에서 중요한 단서를 포착하고, 이를 바탕으로 레고의 위기 상황을 극복

했다.[1]

레고는 2003년 전년 대비 매출이 30% 감소하는 위기 상황에 봉착했다. 이를 극복하기 위해 "무엇이 정말로 레고를 돋보이게 하는가?"라는 문제(과제)를 설정하고 다양한 고객을 대상으로 "가장 자랑스러운 물건이 무엇인가?"라는 질문을 했다.

이러한 데이터 수집 과정에서 린드스트롬은 한 독일의 소년으로부터 엄청난 통찰을 얻는다. 소년은 한쪽 면이 닳고 낡은 아디다스 운동화 한 켤레를 방 안에서 들고 나오면서 이렇게 말했다. "이 운동화는 나에게 우승컵이자 금메달입니다." 린드스트롬은 그 순간 소년이 최고로 생각한 것은 수없이 넘어지고 시도하면서 최고의 기술을 통달하며 얻게 된 명성이라는 것을 포착해낸다. 굳이 레고에 바라는 점을 말로 표현하지 않아도 그동안 무엇이 문제였는지 파악되는 순간이었다.

당시 레고는 밀레니얼 세대들이 쉽고 편하게 만들 수 있도록 블록의 크기를 키운 제품을 판매하고 있었다. 고객들이 기대하는 최고의 명성(정교한 레고 블럭으로 만든 나만의 '작품')을 그동안 무시하고 있던 셈이었다. 레고는 이 연구 결과대로 핵심 제품에 다시 집중하고 블록의 크기를

[1]　마틴 린드스트롬(2017), 〈스몰데이터〉, 최원식 역, 로드북.

　데이터 마인드 기르는 습관

원래대로 돌렸다(back to the brick 전략). 그리고 더 정교하게 조립할 수 있도록 난이도를 높이고 더 많은 노력을 쏟아야 하게끔 블록 크기를 조정했다. 이렇게 정책을 바꾼 후 매출은 상승 곡선을 타기 시작했고, 지난 10년 동안 다섯 배 이상의 성장을 거뒀다. 결과적으로 최대 완구 업체인 마텔사까지 넘보는 매출을 만들었다.

또 다른 사례를 보자. 냉장고를 사용하면서 소비자들은 어떤 불편을 가지고 있을까? 대체로 소비자들은 사용에 특별히 불편하지 않은 이상 무슨 문제가 있다고 인식하지 않는다. 특히 기존 제품의 사용 환경에 익숙해지면 불편하다는 생각 자체를 하지 못한다. 나중에 마케터(혹은 개발자)가 이상한(불편한) 점을 감지하고, 이를 반영한 신제품을 내놓은 걸 보고서야 비로소 '내가 원했던 것이 바로 이런 것이야'라고 생각한다. 그래서 웬만한 설문조사로는 문제 파악이 쉽지 않다. 그러나 고객의 사용 실태를 정확하게만 안다면 제품을 개선하거나 혁신적인 제품을 만드는 단서를 얻을 수 있다.

냉장고 제조 업체 중 하나인 삼성전자는 설문조사를 통해 하루 평균 냉장실 사용 빈도가 81%이고, 냉동실은 19%라는 결과를 얻었다. 그리고 한국 여성의 평균 허리 높이가 85cm라는 사실도 알아냈다.[2] 이런 정도의 데이터는 대체로 누구나 알고 있는 것이지만 어느 누구도 이 사실이 어떤 의미를 갖는지 맥락을 탐구할 생각은 하지 않았다.

실제 사용자 관점에서 보면 냉장실 사용 빈도가 절대적으로 많았음에도 냉동실보다 아래쪽에 위치한 냉장실을 허리를 굽혀가며 사용하고 있었다(과거 두 칸짜리 냉장고는 위가 냉동, 아래가 냉장으로 되어있었다). 소비자들은 불편한지 몰랐고 당연히 개선하자고 요청하지도 않았다(원래 그런 줄 알았다). 그러다 삼성전자에서 지펠 T9000(상냉장-하냉동) 신제품을 출시하고 나서야 소비자들은 그동안 자신이 냉장고를 불편하게 사용하고 있는지를 깨닫기 시작했다. 해당 냉장고는 출시 한 달 만에 1만 대를 판매하고, 이후로도 월평균 1만 대씩 판매하는 성과를 보였다. 다른 경쟁사들도 이를 따라 상냉장-하냉동 방식으로 신제품을 만들었다.

이 사례를 보게 되면, 서베이를 통해 수집된 스몰데이터에서도 마케터가 어떤 감지sensing와 통찰insight을 하느냐에 따라 결과는 많이 달라진다는 것을 알 수 있다.

---

2   삼성전자, "삼성 냉장고의 혁신 스토리 한눈에 보기", SEC스토리, 2020.
     (https://bit.ly/2VCo3Zk)

스몰 마이닝

스몰데이터에서 시장의 변화를 읽어낼 단서를 찾고 이를 통해 새로운 의미를 통찰하는 분석법을 스몰 마이닝Small Mining이라고 한다. 스몰 마이닝은 사업과 마케팅의 근간이 되는 잠재적이고 표현되지 않은 욕구를 발견하고, 이를 기반으로 제품이나 서비스를 혁신하고자 할 때 또는 새로운 제품이나 서비스를 개발하고자 할 때 유용하게 쓸 수 있는 방법이다.

문제와 관련된 데이터를 수집하고, 단서를 찾고, 단서를 서로 연결하는 과정을 거치다 보면 변수와 변수 사이의 관계를 분석하게 되고 고객의 욕망(보상) 충족 여부를 확인할 수 있다. 그리고 그 결과를 바탕으로 새로운 콘셉트를 만든다.

높은 산을 등산하는 여성들이 많다는 사실을 다시 살펴보자. 주말을 피해 평일에 온 이유, 여성끼리 온 이유, 등산과 여가, 등산과 건강, 여성과 우울증, 여성과 요실금, 여성과 갱년기, 등산과 갱년기, 등산과 산행 음식 등 등산과 관련된 수많은 변수들을 확인하고, 이들 사이에 어떤 연관성이 있는지 고민해본다.

이런 장면을 한 번 주목해보자. 장시간 등산을 하는 경우 빠질 수 없는 것이 간편하게 먹을 수 있는 행동식(점심)

이다. 보통은 집에서 준비하는 경우도 있지만, 등산로 입구에서 김밥이나 샌드위치를 구입하기도 한다. 그러다 남자 등산객들이 가져온 즉석밥의 일종인 '전투 식량'에 눈길이 간다. 남성들은 군대에서 전투 식량을 접해보았지만, 이런 경험이 없는 여성들은 원터치 전투 식량을 보고 마냥 신기해한다. 그러고는 "다음 산행 때는 우리도 이걸 준비하면 되겠네"라며 제품 사진을 찍는다. 점심 준비에 고통이 있었다는 뜻이다. 시장과 트렌드를 읽는 하나의 단서가 되는 순간이다(이 장면은 문장대에서, 남덕유산 정상에서 필자가 직접 경험한 것이다).

통찰을 바탕으로 콘셉트를 정리했다면 그다음은 실행이다. 신제품을 내놓든 기존 제품을 개선하든 무언가를 내놓아야 한다. 하지만 실행으로 옮겨지지 않으면 아무리 분석한들 쓸 데가 없다. 레고의 위기 극복이나 삼성전자의 냉장고 혁신은 고객의 고통을 파악하고 이를 아이디어 삼아 새로운 제품을 내놓았다(실행했다). 그래서 성공이라는 다디단 열매를 얻을 수 있었다.

기존 제품과 서비스에서 해결되지 않은 고통을 해결하면 고객은 지갑을 연다. 새로운 사업이나 새로운 가치는 이런 과정으로 창출된다.

사진 한 장으로 뉴스를 전해야 하는 사진 기자가 어느

타이밍에 어떤 렌즈를 써야 하는지 알아야 하는 것처럼 우리도 어떤 문제를 풀고자 할 때, 어떤 데이터가 필요한지 알고 있어야 한다. 데이터는 복잡다단한 현상을 하나의 단편으로 압축해 보여준다. 따라서 데이터로 무엇을 할 수 있을 것인가를 생각하고, 결과를 어떻게 활용할지 고민한다면 스몰데이터로도 시장의 변화를 감지하고 통찰할 수 있다.

가스 레인지에 올려진 불투명한 주전자의 뚜껑에서 딸가닥 소리를 들었다면 변화를 감지한 것이고, 소리를 듣고서 물이 끓고 있다는 사실을 인지했다면 통찰을 한 것이다. 그리고 커피를 내리는 실행까지 했다면 차 한 잔이 주는 맛과 여유라는 가치가 만들어진다. 스몰데이터에서도 변화를 감지하고 그 속의 본질을 꿰뚫어 보는 통찰만 있다면, 빅데이터가 부럽지 않은 결과를 만들 수 있다.

4 데이터는 팩트가 아니다

스몰데이터에서 빅데이터에 이르기까지 우리 주변에는 데이터가 넘쳐난다. 이제는 데이터를 수집하고 분석하고 나아가 딥러닝을 한 인공지능이 예측까지 해주는 세상을 살고 있다. 그런데 이러한 데이터들이 우리 삶을 더 낫게 만들고 있는 게 맞는 걸까? 데이터를 우리는 제대로 사용하고 있는 걸까? 데이터로 삶의 질이 높아져야 하는데 오히려 더 복잡해진 것은 아닐까? 의사결정 또한 더 어렵게 된 것은 아닐까? 한번 의심해 보자.

데이터로 인한 오해와 진실

어떤 단체에서 발표한 4대강 보 해체 방안에 대한 여론조사 결과를 두고 갑론을박 논쟁이 벌어진 일이 있다.[1] 문제가 된 설문 항목의 원문은 다음과 같다.

> 지난 2월 환경부에서는 보 가운데 3개를 해체하고, 2개의 보를 상시 개방하는 방안을 제안했습니다. 그 근거로 △보의 효용성이 부족하고, △보가 없어도 물 이용에 어려움이 크지 않으며, △수질·생태계가 개선되고, △유지·관리 비용 절감 효과가 크다는 내용을 고려했다고 밝혔습니다. 귀하께서는 이 처리방안에 대해 어떻게 생각하십니까?
> (1) 동의한다
> (2) 동의하지 않는다

만약 여러분이 설문 응답 요청을 받는다면, (1)번과 (2)번 보기 중 무엇을 선택했을까? 만약 (1)번으로 응답했다면 전형적인 유도 질문에 넘어간 것이다. 질문에는 조사자의 의도가 숨겨져 있다. 실제 설문 결과도 의도한 대로

---

[1] 환경운동연합, "4대 강 보 해체 방안 발표에 따른 국민 여론조사", 2019.5.9. (https://bit.ly/3SFzRFM)

나왔다(동의한다 81.8%). 의도를 내포하지 않고 정상적으로 질문한다면, 긍정적인 근거와 함께 부정적인 근거도 같은 규모로 제시했어야 한다. 그래야 균형적인 질문이 되며 객관적인 의견 청취가 가능하다(또는 '그 근거로 ~ 밝혔습니다'라는 문장만 제거하면 된다). 그런데 왜 그렇게 하지 않았을까?

'조사하면 다 나온다'는 말이 있다. 이 말은 조사자 의도에 따라 결론이 도출된다는 뜻이다. 조사해서 정답을 밝힌다는 뜻은 아니다. 설문조사나 데이터를 수집 할 때는 이처럼 기본적인 윤리와 공정성을 잘 지키는 것이 중요하다. 하지만 현실에서는 100% 완벽하기가 불가능하다. 그래서 데이터를 볼 때 어떤 현상에 대한 팩트fact가 아니라 트렌드trend의 반영 정도로 보아야 한다. 즉, 의사결정을 위한 참고 자료이지 조사 결과가 당연한 귀결인것처럼 결론이 되어서는 안 된다.

위 조사에는 또 다른 문제도 있다. 과연 1,000명의 응답자들이 '보 해체'에 대한 의미(정보)를 이해하고 답을 했을까 하는 의문이다. 조사한 측에서는 인구비례할당을 통해 전국 조사를 했으니 응답자의 통계적 특성이 대한민국 전체 국민을 반영한다고 주장하겠지만, 문제는 모집단이 아니라 표본의 응답 가능성이다. 보 해체 여부는 전문성을 갖고서 판단해야 하는 문제로 일반 국민이 판단하기에는 좀 어려운 측면이 있다.

　그렇다고 모든 조사가 왜곡되었다는 것은 아니다. 다만 누군가가 의도하거나 왜곡하겠다고 마음만 먹으면 이를 원천적으로 막을 수 없다는 사실이다. 그래서 조사 과정과 결과를 꼼꼼하게 살피고 왜곡 가능성은 없는지를 잘 체크해서 의사결정에 참고할 것인지 말 것인지 판단하는 것이 중요하다. 데이터 마인드의 역량이 필요한 대목이다.

　간단한 설문조사도 의도한다면 얼마든지 왜곡할 수 있다. 통계학 분야의 세계적인 석학인 한스 로슬링은 자신의 책 『팩트풀니스』에서 "오해를 추적해 찾아내고 다른 것으로 대체하려면 무엇이 필요할까? 데이터다. 데이터를 보여주고 이면의 현실을 설명해야 한다."라고 말했다.[2] 그리고 로슬링은 오해 혹은 잘못된 해석을 하는 것은 우리 뇌가 '과도하게 극적인 세계관'으로 작동되기 때문이라고 했다. 예를 들면, 세상은 둘로 나뉜다는 오해가 있다. 서양과 그 외, 선진국과 개발도상국, 부자와 빈자로 나뉜다는 세계관이 여전히 데이터 해석의 프레임으로 작동한다. 하지만 이런 세계관은 현재를 설명하지 못하는 30년 전의 낡은 관점이다(현재 인류의 85%는 소위 선진국 국민이고, 6% 정

---

[2]　한스 로슬링, 올라 로슬링, 안나 로슬링 뢴룬드(2019), 〈팩트풀니스〉, 이창신 역, 김영사.

도가 개발도상국에서 살고 있다). 이 같은 잘못된 세계관은 통계의 진실을 왜곡하는 오해를 불러일으킨다. 오해를 바로잡을 수 있는 것 역시도 데이터이다.

다시 한 번 강조하지만 생활 속에서 업무 속에서 데이터를 수집하고 정제하고 분석하는 능력, 아울러 데이터를 기획하고 시각화할 수 있는 능력은 매우 중요하다. 이러한 능력이 부족하면 누군가가 만들어 놓은 (거짓) 프레임에 갇혀 본질을 놓칠 수 있다. 그래서 데이터를 잘 활용한다는 것은 내가 직접 데이터를 수집하고 분석할 수 있어야 함을 뜻한다.

데이터는 거짓말을 하지 않는다

우리 일상은 24시간 온라인에 연결되어 있고 우리 행동은 실시간으로 데이터로 수집되고 축적된다. 온라인 세상이 되기 이전에는 주로 사람에 의해 (의도된) 수집 과정을 거쳤다. 이 과정에서는 많은 오류가 발생한다. 오류의 95%는 사람에 의해 발생한다.[3] 그러다 디지털 기술이 보편화되고부터는 데이터 수집과 가공에 기계적 처리가 많아졌고, 사

---

3   오인환(1992), 〈사회조사 방법론:오차요인 집중 연구〉, 나남.

람에 의한 실수도 현저히 줄었다. 그렇지만 의도된 오류나 무지에 의한 오류는 계속 사라지지 않고 있다.

최근 한 기업으로부터 강의(컨설팅) 의뢰를 받은 적 있다. 필자는 보다 실무적인 강의를 위해 사내에서 사용했던 설문조사의 질문지를 보여달라고 요청했다. 그렇게 해서 필자에게 건네진 설문지는 신제품(유제품) 개발 관련이었다.

질문에 이런 것이 있었다. "○○ 제품을 구입하게 된 동기는 무엇입니까?" 이 질문의 응답 보기에는 '지인의 권유로' '광고를 보고' 등이 있었다. 그런데 한 번 생각해보자. 이 보기가 진짜 구입 동기에 해당할까? 구입하게 된 동기가 아니라 '구입에 영향을 미친 요소'라고 해야 하지 않을까? 다음 문항에는 "○○ 제품을 음용하는 이유는 무엇입니까?"라는 질문이 있었다. 응답 보기에는 '건강 때문에' '맛있기 때문에' 등이 있었다. 그런데 이 질문은 음용의 이유가 아니라 구매 동기를 묻는 질문이 아닐까? 결과적으로 응답자들은 질문과 보기가 맞지 않아 의도치 않게 거짓말을 한 것이 되었다. 이처럼 설문조사의 경우 질문지를 만드는 조사자나 실무자의 역량에 따라 조사 품질의 차이는 달라진다. 그래서 데이터를 활용해 도움을 얻고자 한다면 어떻게 측정할 것인지 아는 능력이 매우 중요하다.

몸무게를 측정하는 데 줄자를 이용한다면, 누구나 잘못

된 도구인 줄 안다. 그런데 구매 동기를 측정하면서 구매에 영향을 준 요소를 보기로 제시하고 잘못된 것인지 모른다면 큰 문제다.

이것 외에도 의뢰 기업의 설문지에는 척도의 문제, 평균의 문제, 집단 간 차이의 문제, 비교의 문제, 판단 기준치의 문제 등 실로 다양한 오류를 포함하고 있었다.

응답 데이터를 분석해서 통계표나 그래프로 시각화를 잘 한다고 해서 훌륭한 자료가 되고 멋진 통찰이 되고 그러지는 않는다. 올바른 데이터 수집이 먼저다. 모 반도체 기업은 인재개발 업무 담당자마다 설문의 등간척도 방향이 달랐다. 어떤 설문(A과정)은 동의 정도를 왼쪽에서 오른쪽으로 갈수록 긍정으로 했다. 반면, 다른 설문(B과정)에서는 반대 방향으로 되어 있었다. 한 회사의 같은 부서 안에서도 통일성이 이루어지지 않았다. 나중에는 이 데이터를 가지고서 상호 비교도(과정별 만족도) 하고 의사결정을 했을 텐데, 생각만 해도 아찔하다.

첨언하자면, 일반적으로 등간척도인 경우에는 왼쪽에서 오른쪽으로 갈수록 긍정적이 되도록 작성해야 한다. 게다가 상호 비교를 한다면 척도는 당연히 같은 방향이어야 한다. 일부 회사는 만족도 조사에서 만족도를 높이려는 의도로 일부러 왼쪽에 '매우 만족'을 배치하는 경우가 있다. 이런 경우에는 해석할 때 주의해야 한다. 사후코딩(데이터 분석을 하기 이전에 전처리를 통해 코드를 바꾸는 작업)을 통해 만족도가 높을수록 점수도 높아지도록 조정해야 한다. 그래야 제대로 된 해석이 가능하다.[4]

데이터를 보고도 현실을 제대로 읽어내지 못하고 의미를 파악하지 못한다면 손해는 불가피하다. 그리고 조직 내 협업에서도 문제가 발생한다. 더구나 의사결정자라면 데이터와 통계 자료를 보고 무엇이 왜곡되었고 무엇이 잘못되었는지 잡아낼 수 있어야 한다.

데이터가 잘못을 범하지는 않는다. 오히려 내가 몰라 나도 모르게 거짓말하는 잘못을 범한다. 데이터 과학자도 리서치 전문가도 아닌 일반 직원들이 올바르게 데이터를 읽고(이해하고) 의사결정 할 수 있어야 진정한 데이터 활용 기업이 된다. 데이터에 근거해서 트렌드를 읽고 의사결정 하는 시대다. 진실을 읽어내려는 데이터 마인드는 아무리 강조해도 지나치지 않는다.

4 　사전코딩은 응답 보기의 수치를 그대로 사용하기 때문에 별도의 코딩이 필요 없다. 사후코딩은 응답 받은 데이터를 그대로 사용할 수 없어서 다시 코드를 바꿔주는 작업인데 이를 잊고 수행하지 않으면 이상한 결과가 나온다. 예를 들어 5점 등간척도를 제시하고 보기 1번에 매우 만족을, 보기 5에 매우 불만을 부여했다면 이를 반대로 바꾸는 작업이 필요하다. 1은 5로, 2는 4로, 4는 2로, 5는 1로 코드를 바꿔야 한다.

5 데이터 분석의 복병, 통계

통계학을 몰라도 데이터 분석을 할 수 있다. 하지만 통계를 이해하면 분석 결과를 좀 더 깊이 있게 추론할 수 있다. 과거에는 주로 표본을 추출했기 때문에 모집단의 특성인 모수parameter를 갖고서 추정했다. 즉, 표본으로 전체 집단의 특성을 추정했다. 그런데 빅데이터 시대가 도래하면서는 표본이 아닌 모집단 전체를 대상으로 하는 것이 가능해졌다. 이렇게 되면서 통계 무용론이 제기되기도 하지만 이는 잘못된 생각이다. 아직 다수의 데이터 분석은 전체가 아닌 일부 데이터를 사용하며, 예측하거나 모델링을 하는 것도 통계를 기반으로 한다. 그래서 데이터 분석 결과가 통계적으로 의미가 있는지 여부를 살펴려면 기초적인 통계 지식을 갖고 있어야 한다.

여기서 다루는 내용은 데이터 분석에 기초가 되는 통계 지식들로 이후 2부, 3부에서도 해당 내용을 반복한다. 처음 읽고 한번 만에 이해하려고 해서는 안 된다. 반복해서 읽고 실제 분석까지 여러 차례 해보는 것이 중요하다.

기술통계와 추론통계

통계에는 변수의 특성과 분포를 파악할 수 있는 기술통계와 모집단으로부터 추출한 표본의 통계량을 이용하여 모집단의 모수를 추정하거나 모수에 대한 가설을 검정하는 추론통계가 있다.

기술통계는 특정 변수에 대한 분포를 알아보는 것으로 모든 분석에서 가장 기본적인 분석이다. 분포 중에는 중심경향치로 평균값^{mean}, 최빈값^{mode}, 중앙값^{median}이 있다. 평균값은 산술평균을 의미한다. 산술평균은 이상치^{outlier}가 있는 경우에 변수의 특성을 왜곡할 수 있다. 예를 들어, 국회의원 300명의 평균 재산이 22억 원이라고 할 때, 특정 1인이 590억 원의 재산을 가지고 있다면 평균의 의미가 무색해진다. 이때는 최빈값과 중앙값을 함께 살펴봐야 한다 (국회의원 300명의 재산에 대한 중앙값은 12억 원이다). 이처럼 극과 극이 존재하는 숫자를 볼 때는 평균값에 유의해야 한다. 한두 개의 이상 항목으로 분포의 왜곡을 보지 못하면 큰 실수를 범하게 된다.

이제 실전 삼아, 기술통계 분석을 한 번 해보자.[1] 앞에서 잠깐 언급한 적 있는 "데이터 리터러시 역량 진단" 데이터이다. 이 데이터의 핵심은 점수이다. 점수라는 변수의 특성을 이해하는 것이 분석의 첫걸음이다. 변수의 특성을 알아야 이 변수와 다른 변수의 관계를 파악하고 데이터 이면의 의미를 파악할 수 있다. 아래 분석 예시는 엑셀과 KESS 분석 도구를 이용했다(KESS 사용법은 8장에서 다시 다룬다). 일단 눈으로라도 먼저 따라가 보자.

기술통계 분석 결과에서 응답자(관측수)는 총 993명이다. 이 결과에서 중심경향치를 나타내는 평균 점수(30점 만점)는 19.15점, 최솟값은 0점, 최댓값은 30점, 범위(최댓값-최솟값)는 30이다. 빈도가 가장 많은 최빈값은 20점이고, 0점부터 30점까지 일렬로 줄을 세웠을 때 가장 중간에 있는 중앙값은 20점이다. 이 정보만으로도 응답자는 대체로 전체 구간에서 오른쪽에 집중되어 있다는 것을 알 수 있다(알 수 있어야 한다. 이 정도까지 되도록 앞으로 노력을 해보자.).

하지만 이 내용만으로는 '점수' 변수의 특성을 정확하게

---

[1] 예제 데이터 파일(데이터 리터러시 자가진단(data).xlsx)과 분석 프로그램은 다음의 URL에서 다운로드할 수 있다. https://bit.ly/43uoVjm

점수	
평균	19.15206445
표준 오차	0.161643134
중앙값	20
최빈값	20
표준 편차	5.093682665
분산	25.94560309
첨도	0.003576398
왜도	-0.22802368
범위	30
최소값	0
최대값	30
합	19018
관측수	993

'점수' 변수에 대한 기술통계 분석 결과(엑셀)

파악하기 어렵다. 이때는 그래프를 그려보는 것이 좋다. 히스토그램과 상자그림Box Plot 분석 결과에서 히스토그램을 보면 분포 모양이 위로 뾰족하고 왼쪽으로 꼬리가 긴 것을 확인할 수 있다. 첨도(정규 분포보다 얼마나 뾰족하거나 완만한지)가 양(+)의 값이기 때문에 위로 뾰족하고, 왜도(대칭적으로 분포되어 있는지 또는 한쪽으로 치우쳐져 있는지)는 음(-)의 값이기 때문에 왼쪽으로 꼬리가 길다.

그리고 상자그림에서는 20점을 중심으로 데이터가 집중 분포되어 있다는 것도 알 수 있다(최빈값과 중앙값 20점, 평균값 19.15점). 또한 아래쪽으로 0, 2, 4, 6점 등 이상치가 있어서 산술평균에 왜곡이 있다는 것도 확인 가능하다.

이와 같은 특성으로 볼 때, '점수' 변수는 대체로 평균을 중심으로 집중 분포되어 있으나 일부 이상치로 왜곡이 있음을 알 수 있다.

이어서 추론통계에 해당하는 가설검정을 살펴보자. 가설검정은 모집단의 특성을 통계적 가설로 검토하는 것으로 모집단으로부터 추출한 표본을 사용한다. 가설을 설정하고 유의수준을 정하고 검정 통계량을 산출하는 방식이다. 그런 다음 가설에 대해 기각 및 채택 여부를 판단한다. 가설은 연구자(분석자)가 관심을 두고 있는 현상이나 요인에 관한 증명되지 않은 진술이나 제안으로 차이가 없거나 영향이 없음을 의미하는 '귀무가설'과 그 반대에 해당하는 어떤 견해나 행동에 변화를 유발할 수 있음을 의미하는 '대립가설'을 설정한다.

예를 들어 성별에 따른 데이터 리터러시 역량을 검정하는 통계 분석을 한다고 해보자. 이때 귀무가설을 설정하고("성별에 따라 리터러시 역량에 점수 차이가 없다")(증명되지 않은 진술이나 제안), 유의수준(α)을 0.05(신뢰수준 95%)로 정한다. 분석 결과 유의확률(p-값)이 유의수준(α)보다 작으면($p < 0.05$) 귀무가설을 기각하고 대립가설("성별에 따라 리터러시 역량에 점수 차이가 있다")을 채택한다.

실제로 T-test를 실시한 결과, 아래 표와 같이 등분산 결과를 사용할 수 있으며, 등분산의 유의확률 값이 0.000으

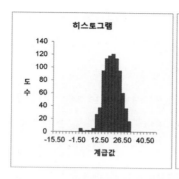
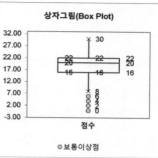

'점수' 변수에 대한 히스토그램과 박스 플롯 분석 결과(KESS)

t-검정 분석결과

이표본 검정 (독립비교)

변수명	개수	평균	표준편차
여성	487	18.4271	5.159
남성	506	19.8498	4.9353

등분산 검정

자유도	F 값	유의확률
(486 , 505)	1.0927	0.3238

"H0:두 표본의 분산들이 서로 같다."를 유의수준 α=0.05에서 기각할 수 없다.
※ 유의확률이 유의수준보다 큰 경우에는 등분산 결과를 사용하는 것이 좋다.

$H : \mu_1 = \mu_2$ vs. $K : \mu_1 \neq \mu_2$ (μ_1 : 여성, μ_2 : 남성)

분산	t-통계량	자유도	유의확률
등분산	-4.4413	991	0.00000
이분산	-4.4375	984.2901	0.00000

95% 신뢰구간	하한	상한
등분산	-2.0513	-0.7941
이분산	-2.0519	-0.7935

성별에 따른 '점수' 변수의 T-test분석 결과(KESS)

로 나타나 유의수준보다 작기 때문에 대립가설이 채택되어 "성별에 따른 리터러시 역량에 차이가 있음"(유의하다, 의미가 있다)을 확인할 수 있다.

　분석 결과를 보면 남녀 성별에 따라 리터러시 역량 점수에 차이가 있음을 확인할 수 있다. 위의 T-test 분석 결과에서 남성(19.8)이 여성(18.4)보다 더 높은 평균값을 나타내고 있어서 남성이 여성보다는 리터러시 역량이 높음을 알 수 있다. 남녀처럼 두개의 집단이면 T-test(T-검정)로, 연령대와 같이 두 집단 이상이면 분산분석ANOVA을 통해 집단 간 평균 차이를 검정한다. (가설검정에 대한 좀 더 깊은 해설은 12장을 참고하면 좋겠다.)

인과관계와 상관관계 그리고 회귀분석

변수와 변수 간의 관계인 인과관계와 상관관계에 대해 알아보자. 인과관계Causation는 원인과 결과의 관계로 원인이 선행되고 그에 따라 결과가 나타나는 관계다. 실험 및 시계열로 데이터를 수집하고 회귀분석으로 파악한다. 상관관계Correlation는 두 변수 중에서 어떤 변수가 원인이고 어떤 변수가 결과인지 알 수 없지만 두 변수 간에 어떤 관계가 있음을 말한다.

무더위로 아이스크림 판매량이 증가했다면 인과관계가 있다. 무더위로 인해 익사자 수가 증가했다면 역시 인과관계가 있다고 봐야 한다. 하지만 아이스크림 판매량과 익사자 수의 증가 사이에는 인과관계가 아니라 상관관계(?)만 있다. 단, 이 상관관계는 통계적으로는 상관계수가 높을 수 있지만 현실에서는 아무 의미가 없는 상관이다. 단지 우연의 일치일 뿐이다. 이를 가짜 상관관계라 한다. 두 변수사이 상관관계가 인정되려면 개연성이 있어야 한다. 그리고 상관관계가 강하다고 해서 둘 사이에 인과관계가 있다고 단정하면 오류나 왜곡이 일어난다.

이 책을 읽고 있는 분이 마케터라면 자신이 1년간 투자한 비용에 대비해 마케팅 성과가 났는지 그렇지 않은지가 궁금할 것이다. 광고도 하고 판촉도 하고 이벤트도 하고 가격 할인도 했는데, 이런 활동들이 투자 대비 효과ROI, return on investment를 거뒀는지 궁금하다. 이를 어떻게 알(측정할) 수 있을까?

대부분의 기업에서는 핵심성과지표KPI 중에서 고객추천지수NPS와 고객만족도CSI를 중요하게 관리한다. 추천 의향과 고객 만족 정도를 연 1회 이상 설문조사하고 그 결과를 바탕으로 NPS와 CSI를 산출한다. 그런데 의문이 든다. 체계적인 마케팅 시스템을 구축하고 마케팅 예산도 전년 대비 대폭 증액했음에도 목표한 매출액과 이익이 나오지 않는다. 최고경영자는 마케팅 ROI를 구해서 원인을 찾으라고 한다. 어떻게 하면 이 문제를 해결할 수 있을까? 단순하게 보면 투자 대비 수익인 마케팅 ROI는 쉽게 계산이 된다. 수익에서 투자액을 빼고 이 금액을 투자액으로 나눠 주면 된다((수익-투자액)/투자액). 하지만 무엇을 수익으로 볼 것인가가 문제로 남는다.

마케팅 부서에서 관리하는 숫자로는 영업이익이 있다. 영업이익은 매출이익에서 판매와 관리비를 뺀 값이다. 판매와 관리비는 대체로 마케팅 비용이라고 부른다. 영업이익을 수익으로 특정할 수 있다면 마케팅 ROI 계산은 쉽다. 실제 마케팅 활동의 수익을 추정하기 어려워 영업이익을 지표로 활용하고 있긴 하지만, 영업이익은 순이익이 아니다. ROI에서 순이익이 아닌 영업이익을 사용하면 이익이 과대 계산되는 문제가 있다. 이런 점을 잘 고려해서 계산 값을 이해해야 한다.

우리가 마케팅 ROI에 관심을 두는 이유는 지금 말고 다음 마케팅 활동에 활용하기 위해서다. 우리가 집행하는 마케팅 비용은 실시간으로 관리된다. 그런데 수익(혹은 영업이익)에 대한 정보는 실시간으로 알기 어렵다. 다음달 마케팅 프로모션에 사용해야 할 데이터를 3개월, 6개월, 혹은 1년 뒤에나 알게 된다면 의사결정자 입장에서는 ROI가 유용한 지표지만 활용하기가 어렵다. 그래서 통상 매출에 영향을 미치는 변수에 주목한다. 광고, 판촉, 이벤트, 가격 할인 그리고 신제품 수, NPS, CSI 등이다. 이 변수들이 매출에 주는 영향력을 추정해야 마케팅 활동의 단위당 효과가 얼마나 극대화되는지 알 수 있다.

이를 추정하는 방법으로 민감도 분석이 있다. 통계분석으로는 회귀분석을 사용한다. 종속변수인 매출액에 영향을 미치는 독립변수가 하나일 때는 단순회귀분석을, 독립변수가 여러 개일 때는 다중회귀분석을 사용한다. 독립변수의 영향력(회귀계수)을 바탕으로 어느 변수가 더 많은 영향을 미치는지 파악하는 방법이다.

여기에 필요한 데이터는 어디에 있을까? 제품별 혹은 품목별 매출액은 재무팀에 있고, 신제품 수는 마케팅 팀에서 관리하고, 광고와 이벤트 비용은 프로모션 팀에서, 판촉과 가격 할인은 영업팀에서 그리고 NPS와 CSI는 고객만족팀에서 관리한다. 사내에 흩어져 있는 데이터를 수집하고 모델링을 하는 담당자 입장에서는 통계에 대한 이해와 부서 간 협조를 구할 수 있는 커뮤니케이션 능력이 꼭 필요하다.

통계를 잘 모르지만, 지금까지 데이터를 보는 데 문제가 없었다면 이상한 일이다. 관리자나 임원들 역시 기본적인 통계를 알아야 결과 보고서의 의미를 해석할 수 있다. 최소한의 기초적인 통계치를 이해하고 척도와 분석 방법을 알고 있어야 의사결정을 할 수 있다. 통계학을 하라는 것이 아니라 실무적으로 필요한 정도의 통계는 어느 정도 알고 있어야 함을 말한다. 혹, 여기까지 오는데 "뭔 소리지?"하며 책을 덮을까 말까 고민했던 분들이 있다면, 일단 포기하지 말고 가볍게 넘어가면 좋겠다.

통계 공부에 도움이 되는 책 몇 가지를 골라보았다. 이 책 중 두 권에서 세 권 정도는 몰아서 읽기를 권한다. 자꾸 보다 보면 이해가 된다.

- 『숫자에 약한 사람들을 위한 통계학 수업』, 데이비드 스피겔할터 저/권혜승, 김영훈 역, 웅진지식하우스, 2020.
- 『빅데이터를 지배하는 통계의 힘』, 니시우치 히로무 저, 신현호 역, 홍종선 감수, 비전코리아, 2023.
- 『누워서 읽는 통계학』, 와쿠이 요시유키, 와쿠이 사다미 저, 권기태 역, 한빛아카데미, 2021.
- 『이렇게 쉬운 통계학』, 혼마루 료 저, 안동현 역, 한빛미디어, 2019.
- 『통계 101×데이터 분석』, 아베 마사토 저, 안동현 역, 프리렉, 2022.
- 『새빨간 거짓말, 통계』, 대럴 허프 저, 박영훈 역, 청년정신, 2022.

- 『통계적으로 생각하기』, 유리 브람 저, 김수환 역, 현암사, 2016.
- 『3일 만에 끝내는 코딩+통계』, 박준석 저, 사회평론아카데미, 2021.

6 나의 데이터 리터러시 역량

나는 제대로 데이터를 읽고 분석하고 해석하고 활용하고 있을까? 데이터로 더 나은 가치를 만들려면 어떤 역량이 필요할까?

나의 데이터 리터러시 역량을 진단할 수 있는 체크리스트를 만들어 보았다. 총 15문항으로 각 질문에 응답하면, 간단하게 나의 데이터 리터러시를 진단할 수 있다. 다음 QR 코드로 접속하게 되면 온라인으로 체크하고, 바로 점수 확인도 가능하다.[1]

질문을 보고 평소 생각하던 대로 직관적으로 답하면 된다. 보기는 둘이다. 이 중 하나만 선택하면 된다. 질문부터

---

[1]   밸류바인 데이터 리터러시 역량 자가진단 질문지, https://bit.ly/3EWG5wf

데이터 리터러시 역량 자가진단 질문지 QR코드

살펴보자.

① 데이터와 통계는 팩트가 아니라 경향(트렌드)이다.

□ 아니다 □ 그렇다

② 데이터는 알려진 사실이나 현재 상황을 나타내는 것이기 때문에 데이터를 바탕으로 알지 못하는 일을 미루어 짐작하면 안 된다.

□ 아니다 □ 그렇다

③ 데이터는 정교하게 구조화된 측정도구를 이용하기 때문에 의도적으로 조작할 수 없다.

□ 아니다 □ 그렇다

④ 데이터 기반 문제 해결을 위해 가장 먼저 해야 할 일은 데이터 수집이다.

□ 아니다 □ 그렇다

⑤ 어떤 변수 간에 상관관계가 강하면 그 사이에 인과관계도 있다.

□ 아니다 □ 그렇다

⑥ 어떤 조사에서 A집단의 평균은 35.6, B집단의 평균은 37.3 으로 나타났다. 두 집단 간에 통계적으로 유의미한 차이가 있는지 검정하는 방법으로 T-test나 분산분석^{ANOVA}을 사용 하면 된다.

□ 아니다 □ 그렇다

⑦ 정밀한 데이터보다는 정확한 데이터가 더 좋은 데이터다.

□ 아니다 □ 그렇다

⑧ 측정을 위한 척도에는 범주형 자료를 나타내는 명목척도 와 서열척도, 연속형 자료를 나타내는 등간척도와 비율척도 가 있다. 이 중에서 명목척도와 서열척도를 사용하면 산술 평균을 구할 수 있다.

□ 아니다 □ 그렇다

⑨ 현업 실무자가 직접 데이터 분석을 하면 잘못된 분석을 할 수 있기 때문에 데이터 분석은 전문가(데이터 분석가, 데이 터 과학자)에게 맡겨야 한다.

□ 아니다 □ 그렇다

⑩ 데이터에는 정형 데이터(연산 가능, 데이터베이스나 스프레드 시트 등)와 비정형 데이터(연산 불가능, 텍스트, 이미지 등)가 있다. 이 중에서 데이터의 양이 가장 많은 것은 비정형 데이터다.

□ 아니다 □ 그렇다

⑪ 데이터 분석은 통계분석 기술보다 문제 정의가 더 중요 하다.

□ 아니다 □ 그렇다

⑫ 텍스트 마이닝으로 키워드 간의 인과관계를 파악할 수 있다.

□ 아니다 □ 그렇다

⑬ 데이터 분석의 결과는 의사결정을 위한 기초 자료일 뿐이다.

□ 아니다 □ 그렇다

⑭ 시각화로 복잡한 데이터와 도표의 이면의 현실을 볼 수 있다.

□ 아니다 □ 그렇다

⑮ 시각화는 데이터 분석의 결과를 시각적으로 도식화한 것이기 때문에 진실을 왜곡할 수 없다.

□ 아니다 □ 그렇다

나의 데이터 리터러시 평가

문항별로 정답을 맞히면 2점으로 총 30점 만점 기준으로 점수를 계산할 수 있다. 데이터 리터러시가 어느 정도인지 판단하기 위한 역량 수준을 4단계로 구분한다. 점수별 역량 구분은 심각한 데이터 문맹(0점~6점), 어느 정도 데이터 문맹(8점~14점), 어느 정도의 리터러시 보유(16점~22점), 상당한 리터러시 보유(24점~30점)로 보면 된다. 각 문항에 대한 정답과 오답 해설은 다음과 같다. 하나씩 살펴보자.

①데이터와 통계는 팩트가 아니라 경향(트렌드)이다.

그렇다 데이터와 통계는 팩트가 아니라 경향이다. 데이터 속에는 참도 있지만 거짓도 있다. 통계적 추론을 통해 사실이 아니라 경향을 파악하는 것이다.

②데이터는 알려진 사실이나 현재 상황을 나타내는 것이기 때문에 데이터를 바탕으로 알지 못하는 일을 미루어 짐작하면 안 된다.

아니다 데이터 자체에는 진실과 잡음이 섞여 있다. 데이터에 포함된 잡음 즉, 알지 못하는 일을 미루어 짐작하기 위해 데이터 분석(추론통계)을 한다. 데이터 이면의 현실을 봐야 진정한 가치를 얻을 수 있다.

③데이터는 정교하게 구조화된 측정 도구를 이용하기 때문에 의도적으로 조작할 수 없다.

아니다 정교하게 구조화된 측정 도구를 이용해도 보여주는 방법에 따라 쉽게 조작할 수 있다.

④데이터 기반 문제 해결을 위해 가장 먼저 해야 할 일은 데이터 수집이다.

아니다 데이터 수집보다 문제를 구체적으로 정의하는 것이 먼저다.

⑤어떤 변수 간에 상관관계가 강하면 그 사이에 인과관계도 있다.

아니다 변수 간에 상관관계가 강하다고 해서 그 사이에 인과관계가 있는 것은 아니다.

⑥어떤 조사에서 A집단의 평균은 35.6, B집단의 평균은 37.3으로 나타났다. 두 집단 간에 통계적으로 유의미한 차이가 있는지 검정하는 방법으로 T-test나 분산분석ANOVA을 사용하면 된다.

그렇다 두 집단 간의 평균 차이를 검정하기 위해서는 T-test나 분산분석ANOVA을 사용해야 한다.

⑦정밀한 데이터보다는 정확한 데이터가 더 좋은 데이터다.

그렇다 정밀한 데이터보다는 정확한 데이터가 더 좋다. 정밀도precision란 무언가 똑같은 것을 반복해서 측정했을 때 얼마나 비슷한 값이 나오느냐이다. 반면, 정확도accuracy란 측정된 값이 얼마나 실제 값true value과 가깝냐이다. 정밀하다는 것 자체가 정확하다는 것을 의미하지는 않는다. 하지만 일정하게 정확하다는 것은 정밀하다는 것을 의미한다.

⑧측정을 위한 척도에는 범주형 자료를 나타내는 명목척도와 서열척도, 연속형 자료를 나타내는 등간척도와 비율척도가 있다. 이 중 명목척도와 서열척도를 사용하면 산술평균을 구할 수 있다.

보기 산술평균을 계산할 수 있는 척도는 연속형 자료를 나타내는 등간척도와 비율척도다. 명목척도란 속성을 분류하는 척도로 성별, 운동선수의 등번호 등이다. 서열척도란 순서 관계를 밝혀주는 척도로 분류를 포함한다. 선호도, 등수 등이 있다. 등간척도란 순서 사이에 간격이 동일한 척도로 분류와 순서를 포함한다. 만족도, 온도계 등이 있다. 비율척도란 순서 사이에 간격이 같으면서 절대 0점이 존재하는 척도로 분류와 순서와 등간을 포함한다. 매출액, 몸무게 등이다. (각종 척도에 대해서는 14장에서 상세히 다룬다).

⑨ 현업 실무자가 직접 데이터 분석을 하면 잘못된 분석을 할 수 있기 때문에 데이터 분석은 전문가(데이터 분석가, 데이터 과학자)에게 맡겨야 한다.

보기 데이터 분석은 한때는 전문 분석가가 하는 일이었지만, 데이터가 풍부한 시대가 되면서부터는 당면한 문제를 빠르게 해결하기 위해 현업 실무자가 직접 데이터 분석을 하고 이를 의사결정에 활용해도 된다.

⑩ 데이터에는 정형 데이터(연산 가능, 데이터베이스나 스프레드시트 등)와 비정형 데이터(연산 불가능, 텍스트나 이미지 등)가 있다. 이 중에서 데이터의 양이 가장 많은 것은 비정형 데이터다.

그렇다 현재 발생하는 데이터의 80% 정도가 비정형 데이터다.

⑪ 데이터 분석은 통계분석 기술보다 문제 정의가 더 중요하다.

그렇다 데이터 분석은 통계분석 기술보다 해결해야 할 문제를 정의하는 일이 더 중요하다.

⑫ 텍스트 마이닝으로 키워드 간의 인과관계(원인과 결과)를 파악할 수 있다.

아니다 텍스트 마이닝으로 키워드 간의 연관어 분석을 하고 상호 연관성을 확인할 수 있다.

⑬ 데이터 분석의 결과는 의사결정을 위한 기초 자료일 뿐이다.

그렇다 데이터 분석의 결과는 기초 자료이며, 의사결정을 하는 데 있어 도움을 주는 자료다. 분석 결과물 자체가 의사결정으로 하는 데 바로 사용 되는 것은 아니다. 의사결정을 위한 참고 자료로 활용되어야 한다.

⑭ 시각화로 복잡한 데이터와 도표 이면의 현실을 볼 수 있다.

그렇다 시각화는 아이디어를 탐구하고 정보를 전달할 수 있는 빠르고 효과적인 방법이다. 시각화는 복잡한 데이터와 도표 이면에 있는 현실을 재빨리 볼 수 있도록 돕고, 결과적으로 통찰을 하게끔 한다.

⑮ 시각화는 데이터 분석의 결과를 시각적으로 도식화한 것이기 때문에 진실을 왜곡할 수 없다.

아니다 시각화를 통해서도 진실을 왜곡할 수 있다. 그래프의 세로축 설정을 어떻게 하는가에 따라 간단하게 왜곡할 수 있다. 하지만 조사 윤리에 어긋난다.

테스트 결과 독자분들은 몇 점을 받았는지 궁금하다. 생각 이상으로 괜찮은 점수를 받았다면 이미 리터러시 역량을 갖추고 있다고 봐도 무방하다. 반대로 점수가 낮더라도 실망하지는 말자. 지금부터 시작하면 된다. 부족한 부분은 추가적인 학습으로 리터러시 수준을 끌어올리면 된다. 이 책을 끝까지 읽은 후 다시 한번 자가 진단을 해보기를 추천한다.

2부

현업 실무자의 셀프 데이터 분석

7 나도 이제부터 데이터 분석가

가트너^{Gartner}에서 발표한 '신기술 하이프 사이클^{Hype Cycle}'에서 '시민 데이터 과학^{Citizen Data Science}'이 처음 등장한 후 데이터 분석에 대한 현실적인 관심이 높아지기 시작했다.[1]

전문적인 데이터 과학은 과학적 방법, 프로세스, 알고리즘 및 시스템을 이용하여 가치를 도출하는 것이다. 데이터 과학자는 분석을 위한 전략 개발, 데이터 준비, 데이터 탐색, 분석 및 시각화, R 및 파이썬 같은 프로그래밍 언어를 사용하여 모델을 구축한다. 전문적인 학습으로 숙련되지 않은 현업 실무자라면 하기 어려운 일이다.

그렇지만 현업에서는 수시로 데이터를 활용해야 하는

---

[1]   Gartner(2015), Hype Cycle for Emerging Technologies. https://bit.ly/3rLiUhx

이슈가 등장한다. 이때마다 전문 데이터 과학자에게 분석을 요청하고 결과를 기다리기에는 현장의 업무가 너무 빨리 돌아간다. 그래서 최근에는 '시민 데이터 과학자'에 대한 관심이 높아지고 있다. 수학 또는 통계에 대한 깊은 지식은 없지만 내가 속한 업(Domain/Field, 산업)에 대한 지식을 바탕으로 데이터 과학의 원리를 일부 적용하여 업무를 할 수 있기 때문이다. 가트너는 이러한 역량을 가진 시민 데이터 과학자 수가 정규 데이터 과학자보다 다섯 배가량 빠르게 증가할 것으로 전망했다.[2]

왜 내가 데이터 분석을 해야 하지?

디지털 전환이 가속화되면서 기업 내 업무는 데이터 기반으로 환경이 바뀌고 있다. 다행스럽게도 코딩을 직접 하지 않아도 되는 셀프서비스 분석 도구들이 하나둘 나오고 있다. 클라우드 기반의 SaaS[Software-as-a-Service] 플랫폼으로는 파워 BI(마이크로소프트), 태블로(세일즈포스), 클릭(클릭테크) 등이 있다.[3] 다만 우리 회사에 이런 플랫폼이나 분석 도구를 구

---

2   Gartner(2017), Magic Quadrant for Business Intelligence and Analytics Platforms. https://gtnr.it/3EF4QOl

3   Gartner(2022), Magic Quadrant for Analytics and Business Intelligence Platforms

입해서 사용하고 있느냐가 관건이다.

앞으로 실무자가 직접 데이터를 접하고 분석하는 기회가 증가한다면 그리고 쉽게 쓸 수 있는 분석 도구들이 계속해서 나온다면 '셀프' 데이터 분석도 그리 어려운 일이 아닐 것이다. 그때쯤이면, 데이터 과학자가 아니라 시민 데이터 과학자, 실무적으로는 현업 데이터 분석가가 되는 도전도 가능하다.

현업에서 실제 데이터를 다룰 수 있어야 비즈니스에 변화를 만들어낼 수 있다. 하지만 플랫폼이나 분석 도구에 접근하려고 해도 시스템 구축이 전혀 안 된 기업도 있고, 시스템 구축이 되었다 하더라도 시스템에 접근할 수 있는 권한(혹은 직위)이 없는 경우도 있다. 그럼에도 예전보다는 훨씬 좋은 분위기 임은 분명하다.

현업 데이터 분석가가 되려면 몇 가지 조건이 필요하다. 첫째, 현업에서 일어나고 있는 문제를 정의할 수 있어야 한다. 둘째, 데이터에서 진짜 의미를 찾아내기 위한 과감한 도전이 필요하다. 셋째, 변수와 변수 간의 연관성을 유심히 살펴야 한다. 넷째, 원인과 결과를 찾아내는 것에 관심을 가져야 한다. 다섯째, 리서치 마인드와 분석적 사고를 해야 한다. 여섯째, 나의 가설을 지지할 데이터를 갖고 있

2022. https://gtnr.it/41SzQUd

어야 한다. 없다면 데이터 수집도 할 수 있어야 한다. 마지막 일곱째는 데이터 분석 도구를 사용할 수 있어야 한다.

현업 데이터 분석가에게 요구되는 분석 수준

데이터 분석은 요리와 비슷하다. 신선한 식재료를 구하고 적절한 조리 도구를 사용할 때 맛있는 음식이 된다. 물론 식재료를 구입하기 전에 무슨 요리를 할지 정해야 한다. 마찬가지로 좋은 분석 결과물을 얻기 위해서는 문제를 정의하고, 재료인 데이터를 수집하고, 적절한 분석 도구를 선택해서 분석해야 한다. 이 순서가 틀리면 제대로 된 분석 결과를 얻을 수 없다.

어떤 교육 기관에서 개설한 과정의 전체 만족도와 개별 과정의 만족도 그리고 집단 간 만족도를 분석하여 다음 연도의 교육 과정에 반영하고자 한다(목적). 이때 만족도는 연속형 데이터로 수집되어야 하고 데이터 수집을 위한 설문지는 등간척도로 구성해야 한다(수집). 그런 다음 수집된 데이터로 과정별 만족도와 직급별 만족도를 구한다. 직급별 만족도 차이가 통계적으로 의미가 있으려면 분산분석을 해야 한다. 집단 간 차이가 있다는 가설을 검정하고, 최종적으로 실제 그러한지 확인해야 한다(분석).

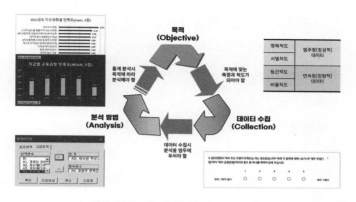

데이터 분석 목적과 데이터 수집과 분석 방법의 관계

데이터 분석에도 수준이 있다. 현업 실무자는 어느 수준까지 갖춰야 할까? 첫 번째 수준은 문제의 중요도 인식을 위한 분석으로 탐색 혹은 기술 분석Descriptive Analysis이다. 어떤 문제가 일어났는지 혹은 왜 일어났는지 또는 일어날 것인지. 그리고 그 문제가 정말로 살펴봐야 할 문제인지 등을 탐구하는 분석 단계다. 두 번째 수준은 문제 전개 과정의 규명으로 인과 혹은 예측 분석Predictive Analysis이다. 왜 그리고 어떻게 문제가 일어났는지 혹은 일어나고 있는지 일어날 것인지. 문제의 원인-결과는 어떻게 되는지 파악하는 분석 단계다. 세 번째 수준은 문제 처리 방안의 도출을 위한 분석으로 최적 혹은 처방 분석Prescriptive Analysis이다. 어떻게 문제를 변화시킬 것인지, 원하는 결과로 변화시키는 조건 혹은 조치는 무엇인지 밝히는 분석 단계다. 가트너의 분석 우위 모델Analytic Ascendancy Model에서는 기술 분석과 예측 분석 사이에 진단 분석Diagnostic Analysis을 넣어 4단계로 설명하기도 한다.[4]

현업 실무자는 최소한 첫 번째 수준인 탐색 혹은 기술 분석까지는 할 수 있어야 한다. 그리고 두 번째 수준인 인과 혹은 예측 분석도 할 수 있도록 노력해야 한다. 세 번째 수준인 최적 혹은 처방 분석은 전문적인 학습과 연습이 필요하다. 여기까지는 아마도 데이터 과학자로 진로를 바꿔야 할지도 모른다. 따라서 데이터 과학자가 아닌 이상 처방 분석 수준까지 학습할 이유는 없다.

전문가가 분석하던 업무 중 일부를 현업 실무자가 스스로 분석하는 시대에 접어들었다. 현업에 있는 우리는 데이터 과학자까지는 아니더라도 적어도 셀프 데이터 분석가 정도는 되어야 한다. 엑셀과 같은 익숙한 소프트웨어를 데이터 분석 도구로 사용할 수도 있고, 무료로 이용 가능한 빅데이터 분석 플랫폼을 활용해도 좋다.

우리는 앞으로 현업 실무자들이 탐색 혹은 기술 분석을 할 수 있도록 첫 번째 수준인 문제 정의, 데이터 수집, 데

4   Gartner(2012), Gartner's analytics ascendancy model. https://bit.ly/3Jqt8xh

이터 분석 방법 등에 대해 배울 것이다. 또한 두 번째 수준인 인과 혹은 예측 분석에 대해서도 배울 것이다. 그리고 세 번째 수준인 처방 분석에 대해서는 몇 가지 사례를 통해 살펴볼 것이다.

8 어떤 데이터 분석 도구를 선택해야 할까

어느 순간부터 식당에서 물은 셀프서비스가 된 것처럼, 데이터 분석도 셀프서비스가 되고 있다. 어떤 지역으로 이동하려면 자동차가 필요하듯 데이터를 다루기 위해서는 분석 도구가 있어야 한다. 하지만 데이터 분석을 전문적으로 해보지 않은 현업 실무자는 목적에 맞는 분석 도구 선택이 어렵다. 설문조사로 수집한 데이터를 집계한다면 엑셀로도 충분하다. 굳이 R을 사용할 이유가 없다. 그러나 빅데이터를 수집하고 전처리하고 모델링을 해야 한다면 R이나 파이썬을 다룰 수 있으면 훨씬 좋다.

목적에 맞는 분석 도구의 선택

목적에 맞는 도구의 선택은 셀프서비스 데이터 분석에서 특히 중요하다. 도구를 잘못 선택하면 오히려 비효율적이 되기 때문이다. 가장 대표적인 도구 몇 가지를 살펴보자.

첫 번째는 검색 플랫폼에서 제공하는 데이터 분석 도구를 이용하는 방법이다. 구글의 구글 트렌드, 네이버의 데이터랩, 바이브(구.다음소프트)의 썸트렌드 그리고 빅카인즈 등이 대표적이다. 구글 트렌드와 데이터랩은 특정 검색어가 얼마나 많이 검색되는지 확인할 때 유용하다. 글로벌 트렌드를 알고 싶다면 구글 트렌드를, 국내 트렌드를 알고 싶다면 네이버의 데이터랩이 유용하다. 썸트렌드는 소셜 데이터를 통해 언급량 분석, 연관어 분석, 긍부정 분석을 제공한다. 최근 1개월까지의 데이터 분석은 무료로 이용할 수 있다.

빅카인즈는 신문, 방송 등 국내 54개 주요 언론사의 8천만 건 이상의 뉴스를 축적하고 있는 국내 최대의 공공 뉴스 아카이브로 한국언론진흥재단에서 운영한다. 뉴스 검색, 연관어 분석 등 다양한 빅데이터 분석을 쉽고 간단하게 할 수 있다. 그리고 분석한 내용을 다운로드한 다음 다른 도구를 이용해 추가 분석도 가능하다. 텍스트 마이닝으로 뉴스에 언급된 키워드 빈도와 연관어 분석도 된다.

아울러 사용자가 가지고 있는 텍스트를 복사한 후 형태소 분석 메뉴의 입력란에 붙여넣기만 하면, 형태소로 분리된 결과물도 다운로드할 수 있다(형태소 분석이란 자연어로 되어 있는 텍스트 데이터를 의미가 있는 최소 단위의 단어로 분리해 내는 작업을 말한다).

두 번째는 마이크로소프트의 엑셀Excel이다. 엑셀은 가장 보편적으로 사용할 수 있는 분석 도구이다. 테이블 형태로 데이터를 정리할 수 있어 매우 직관적이다. 여기에 파워 쿼리나 피벗 기능을 이용하면 좀 더 쉽게 정리와 시각화가 가능하다.

엑셀은 현업 분석가가 가장 유용하게 쓸 수 있는 도구다. 엑셀 리본메뉴의 [파일〉옵션〉추가 기능〉이동]을 선택한 다음 '분석 도구 팩'을 체크하면 리본메뉴의 [데이터〉데이터 분석]에서 '통계 데이터 분석' 서브 메뉴를 볼 수 있다. 이 메뉴를 이용하면 기술통계분석 및 추론통계분석이 가능하다. 그리고 피벗테이블과 피벗차트 기능을 이용하면 시각화 분석도 가능하다.

그리고 파워 쿼리, 파워 피벗이라는 추가 기능도 있다. 파워 쿼리는 분석 요구에 부합하도록 데이터 원본을 검색, 연결, 결합 또는 구체화할 수 있게 도와준다. 파워 피벗은 데이터 모델을 만들고, 관계를 설정하고, 계산을 할 수 있는 모델링 기술이다. 이러한 기능을 사용하려면 엑셀의 추가 기능에서 별도로 활성화시켜 줘야 한다.

여기에 좀 더 편리하게 데이터 분석을 하고자 한다면 KESS을 추가 기능으로 설치해도 된다. KESS는 Excel VBA^{Visual Basic for Application}를 사용하여 개발한 통계자료분석용 무료 프로그램이다. 누구나 무료로 다운로드해서 사용할 수 있다.

세 번째 도구는 좀 더 전문적인 통계 패키지로 SPSS와 SAS가 있다. SPSS는 어느 정도의 진입 장벽이 있긴 하지만 그래픽 유저 인터페이스^{GUI}로 되어 있어서 초보자도 쉽게 사용할 수 있다. 엑셀과 같은 메뉴 구조이다. 깊이 있는 혹은 추가적인 분석을 위한 프로그래밍이 필요할 때도 있지만 대부분은 기본 기능만으로 통계 분석, 데이터 마이닝이 가능하다(코딩 없이 전문적인 통계 분석이 가능하다). SAS는 프로그래밍을 해야 하기 때문에 어느 정도 전문성이 요구되는 분석 도구다. 강력한 통계 분석 기능을 제공하고 있으며 시각화 및 비즈니스 인텔리전스 기능을 추가할 수 있다.

SPSS, SAS 두 패키지 모두 유료이고 시험판을 일정 기간 사용할 수 있다. 통계와 프로그래밍에 대한 이해가 약하다면 SPSS를 사용하는 편이 훨씬 낫다. (혹, 논문을 쓸 예정이라면 이런 전문 통계 패키지를 사용할 것을 권장한다. 논문심사 교수들도 이런 도구로 논문을 작성하기 때문에 보다 수월하게 심사를 통과할 수 있다.)

현업 실무자로 셀프서비스 데이터 분석을 하고자 한다면 군이 유료 전문 통계 패키지를 사용할 이유까지는 없다. 만약 SPSS 같은 전문 통계 패키지에 익숙하다면 유료가 아닌 무료 소프트웨어이며 그래픽 유저 인터페이스로 되어 있는 PSPP, 자모비jamovi, JASP 등도 대안이 된다. PSPP는 SPSS를 무료로 대체할 수 있을 정도로 유사하며, SPSS의 데이터 파일을 그대로 사용할 수 있다. 자모비도 SPSS를 대체할 수 있는 통계 스프레드시트이며, R 통계 언어 위에 구축되어 R 코딩 방법도 사용할 수 있다. 그리고 웹에서 바로 사용할 수 있는 클라우드 버전도 제공한다. JASP도 통계 분석을 위한 무료 오픈 소스 프로그램으로 SPSS 사용자에게 친숙하고 사용하기 쉽게 설계되어 있다. 고전적 형식과 베이지안 형식 모두에서 표준 분석 절차를 제공한다.

네 번째 분석 도구는 R과 파이썬Python과 같은 오픈소스 프로그래밍 언어다. R은 통계 분석과 그래픽을 위한 프로그래밍 언어이자 다양한 패키지의 집합으로 구성된 데이터 분석 도구다. 워크시트 대신에 입력 창만이 존재하기 때문에 통계와 프로그래밍에 대한 기본적인 이해가 있어야 사용 가능하다. 파이썬은 보다 빠르게 작업하고 시스템을 보다 효과적으로 통합할 수 있는 프로그래밍 언어이며 개발 도구이다.

두 언어 모두 통계 분석이 가능하지만, R은 통계 분석에 특화된 언어이고 파이썬은 개발에 특화되어 있다. 쓰임새에 따라 선택적으로 사용할 필요가 있다. 무료라는 장점이 있는 반면 언어를 익혀야 하는 어려움이 있다. 앞으로 전문적으로 데이터 분석을 할 생각이라면 R이나 파이썬처럼 코딩을 통한 데이터 분석에 관심을 가져야 한다. 다만 전문적인 학습은 필수다.

다섯 번째 분석 도구는 래피드마이너^{RapidMiner}와 나임 ^{Knime} 같은 오픈소스 플랫폼이다. 드래그 앤 드롭만으로 프로그래밍 없이 분류와 패턴 발견 등의 복잡한 분석을 할 수 있다. 현업 실무자인 초보 데이터 분석가부터 전문 분석가까지 이용할 수 있는 데이터 분석 플랫폼이다. 래피드마이너는 GUI 방식으로 데이터 마이닝을 할 수 있는 분석 도구다. 나임은 워크 플로우^{work-flow} 기반으로 데이터 분석을 수행할 수 있으며, 코딩 기반의 다른 데이터 분석 프로그램보다 코딩에 대한 기능 요구도가 낮고, 분석 과정을 시각화해서 볼 수 있다. 빅데이터를 이용하여 모델링을 해야 한다면 이런 분석 도구에 관심을 가지고 접근할 필요가 있다. R이나 파이썬을 몰라도 빅데이터 모델링이 가능하다. 모델링에 대한 이해가 있고 필요성이 높을 때 사용하기에 적합하다.

마지막 여섯 번째 분석 도구는 파워BI와 태블로[Tableau]다. 모든 데이터 분석은 분석 결과를 해석하여 통찰을 얻어야 하는데 그 중심에 시각화 분석이 있다. 데이터 시각화는 데이터를 수집 처리하여 도식화하는 것으로 아이디어를 탐구하고 정보를 전달할 수 있는 빠르고 효과적인 방법이다. 비즈니스 인텔리전스를 위한 대시보드 역할을 하기 때문에 한눈에 동태적으로 데이터 분석의 결과를 실시간으로 볼 수 있고 결과물을 공유할 수도 있다. 아래의 예시 그림은 파워BI로 만들어진 인사관리를 위한 대시보드다.

지금까지 소개한 분석 도구를 요약하면 이렇다. 현업 실

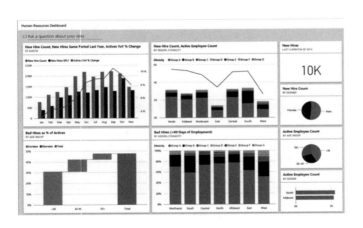

파워BI 인사 관리 부서용 대시보드(예시)[1]

1   마이크로소프트, https://bit.ly/45uKDFC

무자로서 데이터 분석을 하고자 한다면 먼저 엑셀과 빅데이터 분석 플랫폼에 가장 먼저 익숙해질 필요가 있다. 그런 다음 좀 더 깊이 있는 분석을 위한 SPSS와 같은 통계 패키지를 이용한다. 그리고 전문적인 데이터 분석 및 시각화 분석까지 해보고자 한다면 R과 같은 프로그래밍 언어를 익힌다. 코딩에 자신 없다면 래피드마이너와 같은 플랫폼으로 데이터 마이닝 및 예측 분석을 할 수 있다.

현업 실무자가 모든 분석 도구를 완벽히 다룰 필요는 없다. 내가 하고 있는 일과 연관시켜 업무적으로 필요한

```
썸트렌드, https://some.co.kr/
구글트렌드, https://trends.google.co.kr/trends/
네이버 데이터랩, https://datalab.naver.com/
빅카인즈, https://www.bigkinds.or.kr/
SPSS, https://www.ibm.com/kr-ko/spss
SAS, https://www.sas.com/ko_kr/home.html
KESS, https://github.com/Statfunny/KESS
PSPP, https://www.gnu.org/software/pspp/
자모비(jamovi), https://www.jamovi.org/
JASP, https://www.jamovi.org/
R, https://www.r-project.org/
파이썬(Python), https://www.python.org/downloads/
래피드마이너(RapidMiner), https://rapidminer.com/
나임(Knime), https://www.knime.com/
파워 BI, https://powerbi.microsoft.com/ko-kr/desktop/
태블로(Tableau), https://www.tableau.com/ko-kr
```

데이터 분석 도구 다운로드 URL 링크

분석 도구와 방법에 집중하면 된다. 텍스트 마이닝은 빅데이터 분석 플랫폼으로, 집계 및 요약 등 기초적인 기술 통계와 가설검정 등은 엑셀(+KESS)로, 예측 분석 및 데이터 마이닝은 래피드마이너로, 데이터 시각화는 엑셀의 피벗테이블과 피벗차트 기능으로 하면 된다. 여기에 파워BI를 이용하면 좀 더 깊은 통찰까지 가능하다. R이나 파이썬 같은 프로그래밍 언어를 사용하지 않아도 셀프 서비스로 얼마든지 데이터 분석이 가능하다.

엑셀+KESS 분석 도구 셋팅하기

각 도구별로 자세하게 분석 방법을 일일이 다루기는 어렵다(그럴 경우 전문 매뉴얼 서적을 보는 게 낫다). 여기서는 현업 실무자들이 도전해볼 수 있는 엑셀(+KESS) 데이터 분석을 소개하고자 한다.

엑셀은 이미 친숙하게 여러 업무 환경에서 사용해온 도구이다. 그동안은 엑셀을 정렬과 함수 수식 등으로 사용했지, 데이터 분석 도구로 잘 쓰지 않았다. 그래서 어색하다. 그리고 엑셀에 KESS를 추가하는 이유는 '엑셀 데이터 분석' 메뉴만으로 해결이 되지 않거나 사용에 불편한 부분이 있기 때문이다. 아시다시피 원래 엑셀은 스프레드

시트로 회계 처리 등의 계산을 위한 도구였다. 데이터 분석에 대한 요구가 높아지면서 통계분석 기능을 추가했지만, 데이터 분석에는 여전히 제약이 있다. 그런데 이를 간단하게 해결하는 방법이 바로 KESS다. 이 둘을 결합하면 유료 통계패키지인 SPSS와 비슷한 정도의 성능이 나온다.

일단 설치부터 따라해보자. 엑셀 리본메뉴에서 [파일〉옵션〉추가 기능]을 선택하면 '데이터 분석' 메뉴와 'KESS'를 추가할 수 있다. 먼저 엑셀(Microsoft 365 버전 기준)에서 [파일〉옵션〉추가 기능〉관리]에서 이동을 클릭한다(그림①).

이때 추가기능 창에서 '사용 가능한 추가 기능'에 '분석

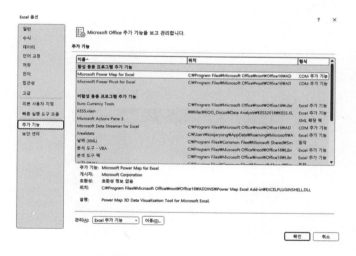

엑셀에서 데이터 분석 메뉴 생성하기 ① : 옵션

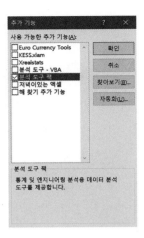

엑셀에서 데이터 분석 메뉴 생성하기 ② : 추가 기능

엑셀에서 데이터 분석 메뉴 생성하기 ③

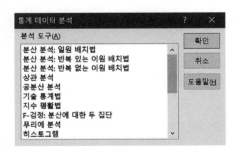

엑셀에서 데이터 분석 메뉴 생성하기 ④ : 통계 데이터 분석

도구 팩' 앞의 네모 칸에 클릭을 하면 체크 표시가 된다(그림②, 일부 엑셀 버전에서는 분석 도구).

이제 확인을 클릭하면 상단 리본 메뉴의 데이터 메뉴에서 우측 끝에 '데이터 분석'이라는 메뉴가 추가로 생성된 것을 확인할 수 있다(그림③). 추가된 [데이터>데이터 분석] 메뉴를 클릭하면 '통계 데이터 분석' 창이 나타난다(그림④).

다음은 KESS를 추가 설치해보자. 먼저 KESS 프로그램(KESS2018.zip)을 다운로드 하여 압축을 해제한다.[2] 그리고 엑셀의 리본메뉴에서 [파일>옵션>추가 기능>관리]에서 이동을 클릭(그림①)하고, 찾아보기에서 압축 해제한 디렉토리의 KESS.xlam 파일을 선택하고 확인을 클릭(그림⑤)한다.

이렇게 하면 "추가 기능 폴더에 복사하시겠습니까?"라는 창이 열린다. "예"라고 하면 된다. 이때 '사용 가능한 추기 기능'에 KESS.xlam에 체크 표시가 된다. 이제 확인을

---

2   KESS 프로그램은 다음의 URL에서 다운로드할 수 있다(https://bit.ly/43uoVjm). KESS는 서울대 통계학과 조신섭 교수님과 지도학생들에 의해 처음 개발 되었으며, 2018년부터 숙명여대 통계학과 여인권 교수가 관리하고 있다. 서울대에서 개발한 버전은 KESS2018까지이며, 이 버전에 대한 업그레이드 계획은 없다. KESS-V1.0는 기존 KESS와 별개로 새로운 설계 하에서 여인권 교수가 개발하였으며, 무료로 제공되고 있다. 다만 통계 분석에 대한 기본적인 이해가 낮은 사람은 KESS2018 버전이 사용하는데 더 편한 측면이 있다.

엑셀에서 KESS 분석 메뉴 생성하기 ⑤ : KESS 찾아보기

엑셀에서 KESS 분석 메뉴 생성하기 ⑥ : 통계분석

클릭하면 KESS 정보 창이 뜨고 사라지면서 리본메뉴에
[추가 기능] 메뉴가 생성되고 하위 메뉴에 '통계분석' 메
뉴(그림⑥)가 생긴다.

파워BI 셋팅하기

파워BI 하나만 더 다뤄보자. 마이크로소프트에서는 파워BI를 '셀프 서비스 및 엔터프라이즈 비즈니스 인텔리전스[BI]를 위한 확장형 통합 플랫폼'으로 소개하고 있다. 파워BI는 데이터 분석을 위한 시각화 도구이며, 클라우드 기반의 비즈니스 인텔리전스 서비스이다. 데이터를 연결하고 시각화하여 매일 사용하는 앱에 시각 개체를 삽입할 수 있도록 지원한다. 그래서 인터넷에 연결되어 있다면 언제 어디서든 시각화 작업과 결과를 공유할 수 있다. (기본 기능은 무료이며 시각화 보고서를 게시하여 다른 사용자와 공유 및 협업을 해야 할 때는 유료 버전을 이용해야 한다.)

파워BI에는 Desktop, Service, Mobile 세 가지 요소가 있다. Desktop은 컴퓨터에서 시각화 분석 작업을 하는 독립된 프로그램으로 다운로드한 후 PC에 설치해야 한다. Service는 Desktop에서 작업한 보고서를 웹에 게시하는 기능이다. Desktop에서 '게시' 메뉴를 통해 결과 보고서를 클라우드에 올리면 협업 및 공유가 가능하고 Mobile에서도 열람이 가능하다. Mobile은 스마트폰에서 파워BI 앱을 다운로드 받아서 동일 계정으로 로그인 하면 Desktop에서 작성한 결과물을 볼 수 있다.

파워BI 프로그램을 다운로드하고 설치하는 것은 기본

파워BI Desktop 다운로드[3]

적으로 무료다. 회원 가입(로그인) 없이 사용은 가능하지만 게시 및 저장은 할 수 없으며, 개체 서식도 추가 설치하는 데 제약이 있다. 회원 가입은 마이크로소프트 파워BI 사이트[4]에서 기관 혹은 기업 이메일로만 가능하다. 'Power BI 시작하기'에서 '무료로 체험하기'를 클릭한 다음 계정 선택에서 '다른 계정 사용'을 통해 가지고 있는 이메일 계정에 새로운 비밀번호를 설정하고 로그인을 해야 한다. 다운로드 해서 설치한 '파워BI Desktop'을 실행하고 로그인하면 바로 사용할 수 있다.

3   https://www.microsoft.com/ko-KR/download/details.aspx?id=58494
4   https://powerbi.microsoft.com/ko-kr/getting-started-with-power-bi/

파워BI 무료 체험을 위한 가입 완료(로그인)[5]

만약 기관이나 기업 이메일이 없다면 'Microsoft 365 평
가판으로 Power BI에 우회 가입하는 방법이 있다.[6] 다만,
마이크로소프트의 이메일 계정을 발급받고, 파워BI의 서
비스에 가입해야 한다.[7]

5   마이크로소프트 Power BI, https://bit.ly/3SmhPKX

6   마이크로소프트 Power BI, https://bit.ly/49CVeRg

7   첫째, 마이크로소프트 홈페이지에서 새 Microsoft 365 평가판 무료 가입
     (Office 365 E3)을 해야 한다. 새로운 계정을 만들기 위해 사용자 정보를 입
     력하고 휴대폰 문자로 보안점검을 진행한 후 새 사용자 이름 및 도메인 이
     름(예: you@yourcompany.onmicrosoft.com)을 만든다. 이 도메인은 마이크
     로소프트에서 무료로 발급해 주며, 중복이 없어야 하고 여기서만 사용할 수
     있다. 결제 정보 추가에서 결제 정보를 입력하거나(요금 청구를 피하려
     면 Microsoft 365 관리 센터에서 1개월 이내 구독 취소) 혹은 이 단계에서
     중지해도 된다(계정이 만들어진 상태이다). Microsoft 365 평가판이 만료된
     후에도 무료로 파워BI를 정상적으로 사용할 수 있다. 둘째, 발급 받은 MS
     계정으로 Power BI 서비스에 가입해야 한다. '개별적으로 Power BI 서비스

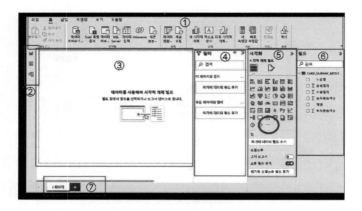

파워BI Desktop 화면구성

    회원가입(계정발급 및 로그인) 후 파워BI Desktop 프로그램을 실행하면 다음 그림과 같다. 파워BI Desktop 화면구성은 메뉴 방식으로 엑셀과 유사하다. 그림에서 ①은 리본 메뉴로 보고서 및 시각화 관련 메뉴를 제공한다. ②는 [보고서] 보기 아이콘, [데이터] 보기 아이콘, [모델] 보기 아이콘으로 보고서를 만들고, 가져온 데이터를 볼 수 있고, 데이터와 데이터를 연결하여 모델을 만들 수 있는 메뉴다. ③은 캔버스 영역으로 시각화를 만들고 정렬하는 곳이다. ④는 [필터] 창, ⑤는 [시각화] 창, ⑥은 [필드] 창

에 등록 또는 구매'를 참고하여 무료체험(평가판)을 선택하면 된다. 가입하는 절차는 앞에서 설명한 기관 및 기업 이메일이 있는 경우와 같다.

으로 시각화 보고서를 만드는 주요 옵션들을 제공한다. 필드에는 가져온 데이터 파일의 변수들이 있다. 필드를 캔버스, 필터 창 또는 시각화 창으로 끌어 시각화를 만들거나 수정하는 방식으로 시각화 분석을 한다. ⑤[시각화] 창의 시각적 개체 빌드에 '더 많은 시각적 개체 가져오기 (…)' 버튼을 누르면 시각적 개체를 추가 설치할 수 있다.[8] 그리고 ⑦추가 페이지는 여러 페이지에 나누어 보고서를 만들고자 할 때 계속 추가할 수 있다. 엑셀에서 새 시트를 추가하는 방법과 동일하다.

정리해보자. 엑셀은 데이터를 직접 입력하거나 기존의 파일을 불러와서 데이터를 관리할 수 있는 유용한 도구다. 여기에 데이터 분석을 위한 통계 모듈을 추가했다. 도구가 준비되었으니 다양한 데이터를 구해서 직접 분석을 해보는 연습이 필요하다.[9] 기술통계분석은 엑셀이나 KESS 모두 편리하게 이용할 수 있다. 그러나 T-test나 분산분석을 하고자 한다면 엑셀 데이터 분석보다는 KESS를 이용하는 편이 훨씬 편리하다.

데이터 분석이 처음인 분들은 엑셀에서 KESS까지 넘어

---

8   개체 서식 추가 설치는 11장에서 다시 설명한다.
9   실습 데이터는 다음의 URL에서 다운로드할 수 있다. https://bit.ly/43uoVjm

오는 것도 힘들어할 것 같다. 하지만 가장 간단하게 비용을 들이지 않고서 할 수 있는 분석임을 생각하고 꼭 익혀 두면 좋겠다. 아울러 좀 더 깊이 있는 시각화와 빅데이터 분석 후 마찬가지로 시각화를 원한다면 파워BI를 설치하고 이용해보자.

설치 과정에서 지칠 수도 있지만 현업 데이터 분석가가 되고자 한다면 적어도 코딩 없이[no code] 데이터 분석을 할 수 있는 정도까지는 배워두는 것이 좋다. 비전공자로 R이나 파이썬을 배우기 위해 수많은 시간을 쓰는 것 보다 효율적인 선택이 될 것이다.

9 분석해보기(1):
트렌드 분석으로 신사업 구상 해보기
(스마트폰 사진, 구글 트렌드)

비즈니스를 기획하거나 마케팅 업무를 하다 보면 언제나 당면하게 되는 문제가 소비자를 이해하는 것이다. 한 발 더 나가 트렌드까지 파악한다면 누구보다 앞서서 시장 진출, 교두보 확보가 가능하다. 그래서 이러한 일은 실무자도 해야 하고 의사결정자도 해야 한다. 창업을 고려할 때 가장 먼저 고민하는 숙제이기도 하다.

미래를 예측하는 트렌드 파악

시장의 변화, 고객의 변화, 사업의 변화를 파악하고자 하는 욕구는 사업가나 기획자 또는 마케터의 주요 관심사다. 변화하는 트렌드를 잘 파악한다면 신사업이나 신제품 개발로 새로운 시장을 만들고 확보할 수 있다. 그리고 시장을 리드하는 선발자로 독점적 지위를 상당 기간 누릴 수도 있다. 그런데 많은 분들은 스스로 어떤 노하우를 갖고서 트렌드를 읽거나 분석하는 시도를 하지 않고, 책 몇 권을 읽고서는 자신이 트렌드를 매우 잘 안다고 착각한다. 트렌드의 본질인 예측은 사라지고 트렌드 버즈buzz(소문)만 좇고 있는 것과 같다. 트렌드 책들이 소개하는 내용이 잘못되었다고 지적하는 것은 아니다. 사업에 진짜 도움이 되려면 남들보다 먼저 파악하고, 활용해야 한다는 것을 말한다. 그래서 공개된 트렌드를 버즈라고 생각하고 진짜 사업 기회가 될 만한 트렌드는 내가 직접 파악하는 습관을 가져야 한다. 그럴 때 의미 있는 성과로 연결된다.

트렌드는 유행이나 경향, 추세를 말한다. 소비자 입장에서는 유행을 따라가는 소비가 어쩌면 당연하다. 시대를 앞서 간다는 자부심이 될 수 있으며, 소비의 중요한 가치 중 하나이다. 그러나 사업가나 마케터 입장에서는 트렌드(유행)를 좇게 되면 한 발 늦은 격이 된다. 이미 수많은 사업자들이 시장에 진입해 있기 때문에 기회보다 위기의 가능성이 더 크다. 트렌드(유행)를 좇는 것이 아니라 트렌드를 창출할 수 있어야 한다는 말은 성공 비즈니스의 오래된 금언 중 하나이다.

트렌드는 유행이 아니라 '예측'이 되어야 한다. 물론 미래를 예측하는 것은 어려운 일이다. 예측의 정확도도 매우 낮다. 그렇지만 트렌드는 기본적으로 사람에 대한 것으로 흔적 같지 않은 흔적을 찾아 유행이 될지 그렇지 않을지 알아내는 것이 중요하다. 이런 관점에서 보면 '마이크로트렌드Microtrend'에 관심을 가질 필요가 있다.[1] 마이크로트렌드는 소수의 열정적 집단이 동조하는 작은 변화를 말한다. 어떤 현상을 두고 100명 중 5명 정도가 동조한다면 이 현상이 일시적인 유행으로 끝날지 그렇지 않을지 유심히 살펴봐야 한다. 마이크로트렌드를 잘 파악하고 이를 기초로 사업을 구상한다면 시장을 선도하는 기회를 얻을 수 있다.

트렌드를 파악했다면 새로운 시장을 개척해야

2018년 트렌드로 많이 언급된 것 중에 '언택트 기술'이라는 것이 있다. 언택트는 접촉을 의미하는 '콘택트contact'에 부정의 뜻인 '언un'을 조합한 신조어로 소비자와의 대면 접촉을 최소화하거나 비대면으로 관련 기기를 사용하는 것

---

[1]   마크 펜, 킨니 잘레스니(2007), 〈마이크로트렌드〉, 안진환, 왕수민 역, 해냄.

을 말한다. 언택트 기술을 이용한 비대면 비즈니스는 이미 10여 년 전부터 있었다.[2] 관심있게 본 분들은 알겠지만, 쏘카의 무인 차량 대여는 2012년, 스타벅스의 사이렌 오더는 2014년, 맥도널드의 키오스크 주문은 2017년부터 시작했다. 언택트의 흐름은 코로나로 불거진 것이 아니라 그 이전부터 있는 메가트렌드라 해도 무방하다.

이제는 비대면 회의(화상 회의)도 대면 회의처럼 익숙하다. 실제 일부 학교나 기업은 코로나 방역 규제 등이 완화되고 해제되었음에도 온라인으로 진행하는 화상 수업과 회의를 그대로 유지하고 있다. 개인적으로는 최근 모 산업교육기관에서 공개 대면 강좌로 개설한 과목을 수강생 요청으로 줌zoom을 이용한 온라인 화상 강의로 변경해서 강의한 적이 있다. 수강 만족도도 높은 편이었다. 수강생의 학습 의지만 있다면 오프라인 집합 교육보다 온라인 교육의 집중력이 높아 효과적인 학습이 가능하다는 것을 확인할 수 있었다. 이제 교육 시장은 집합으로 대면 수업을 하거나, 화상으로 대면 수업을 하거나, 이렇게 양분될 것으로 보인다. 새로운 시장이 생겼다고도 볼 수 있기 때문에 교육 기관이라면 라이브 화상 교육에 맞는 새로운

---

2   구자룡(2018), "언택트 마케팅이 뜨고 있다, 초연결시대", DB Webzine
     2018년 1월호. https://www.dbblog.co.kr/1004

교육 콘텐츠 등을 고려해볼 필요가 있다.

교육 시장에 대해 조금 더 예시를 들자면, 주문형^{On} ^{Demand} 콘텐츠에 대한 수요 증가도 주요한 흐름으로 등장하고 있다. 이미 영화나 드라마를 스트리밍 방식으로 소비하는 습관에 익숙해진 MZ세대는 물론이고, 시니어 세대들도 자연스럽게 비대면 서비스에 익숙해지면서 새로운 소비 습관이 만들어졌다. '인클(incle.co.kr)'은 40~50대를 대상으로 한 온라인 강의 클래스 플랫폼으로 돈, 건강, 행복에 관련된 강의를 구비하고 있다. 인클은 넷플릭스와 같은 구독형 서비스로 7,000여 개의 강의 콘텐츠가 있으며 대부분 마이크로러닝으로 5분에서 15분 사이의 강좌로 구성되어 있다. 필자도 "직장 없는 시대에 나를 전문가로 브랜딩 하는 방법"이란 과정으로 총 14강을 마이크로러닝으로 제작했다.

또다른 예로 최근 아마존닷컴에서 시즈닝 부분에서 히트한 제품을 살펴보자. "어떻게 하면 외국인에게 김치를 팔 수 있을까?"라는 문제에서 출발, 식품 소비 트렌드와 잠재 고객의 니즈 그리고 경쟁 브랜드와 제품을 분석하고, 이어서 자사를 분석한 다음, 이를 바탕으로 신제품에 대한 아이디어를 도출하고 사업화했다. 인터넷에 흩어져 있는 여러 자료를 찾아 분석한 결과를 정리하면 다음 그림과 같다.

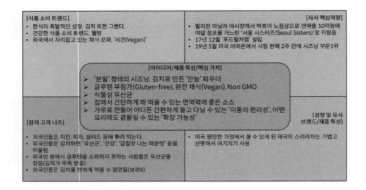

김치 시즈닝에 대한 트렌드 분석 및 아이디어 도출

이 결과를 바탕으로 '서울시스터즈 김치 시즈닝'이 개발되었다.[3] '김치 시즈닝 믹스'는 2019년 5월 아마존에서 시험 판매를 시작, 2주 만에 시즈닝(가루 양념) 부문 1위에 올랐다. 2020년 2월 정식 출시하고 아마존 FBA^{Fulfillment By Amazon} 창고에 초도 2,000개가 입고 된 후 순식간에 완판되었다. 현재 아마존 칠리파우더 부분에서 판매 1위(2022년 4월 기준)를 유지하고 있으며 다양한 제품으로도 확장을 진행 중이다. 웰빙, 글루텐 무첨가, 비건, Non GMO 그리고 식물성 유산균에 대한 트렌드를 반영하여 김치 분말 가루

---

3   여기 제시한 내용은 이 제품을 개발한 '푸드컬처랩'에서 제공한 공식적인 자료가 아니라 인터넷 검색과 분석으로 필자가 작성한 것이다. 일반적으로 사례 연구를 할 때 쓰는 방법이다.

로 신제품을 개발해서 신시장을 개척하는 활동은 시장의 변화 즉, 데이터를 기반으로 한 트렌드 분석 결과에 따른 것이었다.

스마트폰 사진으로 트렌드 찾기

트렌드 분석은 소비자 관점에서는 경향 혹은 추세에 해당하지만 사업가나 기획자 관점에서는 일종의 예측이라고 했다. 그리고 메가트렌드로 발전 가능한 마이크로트렌드 파악이 중요하다고 했다. 사업은 이 시점에서 어떤 통찰을 하느냐가 관건이다. 스마트폰을 이용해 나만의 관점으로 트렌드 정리가 가능한 분석을 해보자.

스마트폰은 개인 소유물이라 나만 갖고 있는 데이터가 있는데, 바로 사진이다. 핸드폰의 사진(갤러리) 앱에는 직접 찍은 사진들이 있다. 이를 이용한 트렌드 분석을 하게 되면 그동안 인지하지 못한 트렌드 읽기가 가능하다. 즉, 내가 트렌드 리서치의 대상자임과 동시에 나만이 파악한 마이크로트렌드 분석이 되는 것이다. 스마트폰 사진을 이용한 트렌드 분석 프로세스를 정리하면 총 네 단계가 있다.

가장 먼저(1단계) 스마트폰에 저장된 사진 중 세 장에서 다섯 장 정도 유사한 이미지를 찾아보는 것이다. 아무 사

| 사진 선별 | 트렌드 명명 | 트렌드 객관화 | 콘셉트(idea) |

스마트폰 사진을 이용한 트렌드 분석 프로세스

진이나 선택하라는 뜻은 아니다. 내가 직접 찍은 사진 중 어떤 관심이나 주제와 관련해서 유사한 이미지가 여러 장 있다면 그런 사진을 고르면 된다.

2단계는 사진들의 공통점을 키워드나 짧은 문장으로 표현해보는 것이다. 처음에는 기존의 트렌드 버즈와 비슷할 수 있다. 아직은 다른 사람의 프레임에 갇혀 있을 수 있어서다. 하지만 여기서 좀 더 나아가는 것이 중요하다. 내 생각과 나의 관점으로 접근해야 남들이 보지 못하는 것을 볼 수 있다. 사실 무슨 특별한 팁이 있는 것은 아니다. 자주 사진을 찍고, 이를 모아서 살펴보고, 이런 사진들이 가지고 있는 의미가 무엇인지 생각하는 연습(습관)이 전부다.

위 사진은 어느 교육 과정에서 수강생들과 함께 실습해본 내용이다. 자신의 핸드폰에서 어떤 사진이 있는지 살

스마트폰 사진을 이용한 트렌드 분석 예시

퍼보고, 자주 등장하거나 같은 주제로 묶을 수 있는 사진을 찾아 공통점을 찾아보았다. 전기차와 오지캠핑의 결합, 셀프인테리어, 가성비 좋은 홈파티 등의 키워드가 뽑혔다. 이미 트렌드이거나 곧 트렌드가 될 가능성이 높은 키워드이다.

3단계는 트렌드를 객관화할 차례다. 내가 찾은 트렌드는 대단히 주관적인 결과물이다. 그래서 시장 조사가 필요하다. 키워드 검색을 하고 관련 분야 전문가나 얼리어답터의 의견을 듣고 공개된 자료는 없는지 확인해야 한다. 일종의 객관화 작업이다. 아직은 미세한 변화이기 때문에 수치화 된 자료가 많지 않은 것은 당연하다. 정성 데이터 중심으로 트렌드 변화를 확인하면 된다.

마지막 4단계는 실전 적용을 위한 콘셉트(아이디어) 개발
이다. 내가 찾은 트렌드가 메가트렌드가 될 것 같다면 사
업화 단계로 넘어가야 한다. 콘셉트 구상 후 시장 테스트
를 진행하며 사업성이 있는지 등을 타진해야 한다.

사업화에 성공한 이후로도 새로운 것을 보게 되면 무조
건 사진으로 찍어두는 것이 중요하다. 지금 당장 트렌드
인지 아닌지는 생각할 필요가 없다. 일정 시간이 지난 후
새로운 사업을 구상하거나 지금의 트렌드에서 새로운 가
치를 만들고 싶을 때, 첫 번째 활동부터 다시 시작하면 된
다. 이를 습관적으로 반복하는 것이 중요하다.

구글 트렌드 서비스 이용하기

구글이나 네이버 같은 검색 플랫폼에는 수많은 이용자들의
검색 기록이 데이터로 축적되어 있다. 이처럼 이미 구축된
빅데이터를 활용해 트렌드 분석을 시도해도 좋다. 뉴스나
블로그 등 소셜미디어SNS에 포스팅 된 글, 여기에 붙은 댓
글 등도 모두 빅데이터에 포함된다. 이뿐만이 아니다. 텍스
트와 이미지로 된 비정형 데이터를 활용해 트렌드 분석을
할 수 있는 썸트렌드도 있다(유료).

이 책에서는 무료로 이용할 수 있고, 가장 큰 규모의 비

정형 빅데이터를 가지고 있는 구글 트렌드 분석에 대해 살펴보고자 한다. 구글 트렌드는 여러 지역에서 여러 언어로 검색되는 쿼리(검색어)의 인기도를 분석하는 웹사이트이다. 특정 주제어가 시간 경과에 따라 검색이 증가하는지 감소하는지 그래프를 사용해 보여준다. 그리고 주제어 간 비교도 가능하다. 지역별 검색량, 관련 검색어 등도 함께 볼 수 있다. 틈새 시장을 찾거나 연관 제품 찾기, 계절별 마케팅 계획, 경쟁 업체 모니터링 등을 하기에도 좋다.

다음의 예시 그림은 기후 위기와 기후 비상사태에 대한 2004년 이후의 시간 흐름에 따른 관심도 변화를 보여주는 차트다. 수치는 특정 지역, 기간을 기준으로 차트에서 가장 높은 지점(수치 100) 대비 검색 관심도를 보여준다. 기후 위기에 대한 관심도는 2006년 5월 이후 2007년 1월까지 급증했다. 이후 급격하게 내려간 다음 2011년부터 2018년까지 거의 언급되지 않았다. 그러다 2019년 다시 증가했다. 특히 2019년 9월과 2022년 3월에 급증한 것을 알 수 있다.[4] 다만 구글 차트만 봐서는 이러한 언급량이 어떤 이유에서 발생한 것인지는 알 수 없다. 해당 시점에 어떤 사건이나 뉴스가 있었는지 추가적으로 확인해야 한다.

4   https://trends.google.com/trends/explore?date=all&q=climate%20crisis,climate%20emergency

5   Graph of Google search term usage (web searches, global) for "climate crisis" and

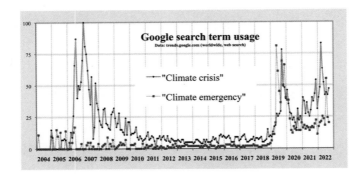

구글 트렌드 데이터[5]

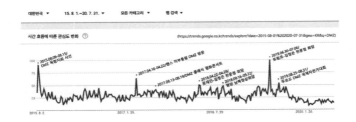

DMZ에 대한 구글 트렌드 분석(2015.08.01-2020.07.31)

데이터 마인드 기르는 습관

다음은 구글 트렌드에서 지난 5년동안 국내 기준으로 'DMZ' 키워드를 분석한 결과이다.[6] 2019년 6월 '트럼프-김정은 판문점 회담'과 관련해서 언급량이 많았으며, 2015년 8월 'DMZ 목함지뢰 사건'이 터졌을 때에도 많이 언급되었다. 그 이후로도 DMZ 키워드는 꾸준하게 관심을 얻고 있음을 알 수 있다. 특히 '평화 콘서트'나 'DMZ 국제자전거대회' 등과 같은 이벤트가 있을 때 언급량이 많이 증가했다. 이 차트에 근거해 DMZ를 관광 브랜드로 구축한다면, 국제 행사 유치나 정상 회담 개최와 같은 대형 이벤트 기획이 가능할 것 같다. DMZ를 널리 알릴 수 있고 좋은 이미지를 만드는 방법이다. 이는 자연스레 남북간 긴장 완화에도 도움이 될 것이다.

이처럼 구글 트렌드를 이용하면 관심 있는 주제나 키워드와 관련해 여러 가지 탐색이 가능하다. 그리고 검색어 기반이기 때문에 스토리 개발이나 아이디어 뽑기도 가능하다.

지금부터는 실제로 구글 트렌드 분석을 어떻게 이용할 수 있는지 하나씩 따라하기를 해보자. 가장 먼저, 구글 트렌드 웹사이트(trend.google.co.kr)에 들어가서 검색창에 주제

"climate emergency", https://bit.ly/45Y9GRW

[6]   이정훈, 구자룡, 조진현(2020), "한국인과 외국인이 본 DMZ : '국토 분단'에서 '인식의 분단'으로", 이슈&진단 제428호, 경기연구원.

구글 트렌드 분석 검색창

데이터 마인드 기르는 습관

어를 입력하면 된다.

예시로 'local marketing'을 입력해 보자. 비교 검색을 원하는 키워드가 있다면 마찬가지로 키워드를 입력한다. 필자는 'local food'를 입력해 보았다. 이때 옵션(필터)으로 지역은 전세계 혹은 국가별로, 원하는 기간을 설정하면 된다. 검색 기간은 2004년부터 지난 한 시간 전까지도 가능하다. 로컬 마케팅인 만큼 카테고리는 건강, 쇼핑 등을 선택한다. 데이터 소스는 웹 검색 혹은 이미지 검색, 뉴스 검색, 유튜브 검색 등을 선택한다. 검색 결과 페이지에는 관련 항목 및 관련 검색어 목록뿐만 아니라 시간 경과에 따른 관심도, 하위 지역별 관심도에 대한 데이터 시각화 기능도 있다. 이것저것 옵션을 눌러가면서 여러 기능을 직접 확인해보자.

분석한 결과물은 CSV 파일로 다운받을 수 있다. 그리고 소셜미디어를 통해 공유도 가능하다. 추가적인 분석을 위해서는 '시간 흐름에 따른 관심도 변화'의 결과와 '지역별 비교 분석'의 결과를 다운로드 한 후 엑셀을 가동시킨 다음, '데이터 가져오기'를 해서 CSV 파일을 엑셀 데이터로 로드한다. 이후 편집을 통해 불필요한 행과 열을 제거하는 등 데이터 전처리를 하면 된다. 이렇게 하면 추가 분석이 가능한 데이터 테이블이 만들어진다(그림 참조).

분석 결과는 목적에 따라 문제 해결을 위한 의사결정

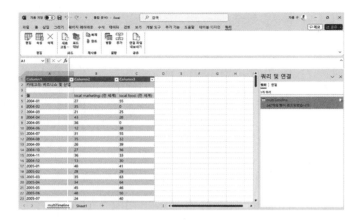

구글 트렌드 분석 결과(csv파일)를 엑셀에서 불러오기

엑셀의 파워 쿼리를 이용한 데이터 전처리

데이터 마인드 기르는 습관

자료로 활용할 수 있다. 예시한 로컬 마케팅과 로컬 푸드에 대해서는 구글 이용자들의 검색량을 볼 때, 지속적으로 관심을 갖고 있는 주제라는 생각이 든다. 이 이상의 어떤 통찰을 얻기 위해서는 한두 번의 검색만으로는 안 되며, 계속 파고들어 가야 우물을 찾는 것처럼 거듭되는 검색, 옵션 조정 등으로 진실에 더 다가가는 수밖에 없다. 어떤 데이터 분석도 한 번에 통찰로 연결되기는 어렵다.

정리해보자. 분석 결과를 활용해 미래에 어떤 일이 일어날지, 어떤 변화가 있을지 예측하는 것은 분석자인 나의 몫이다. 그것까지 구글이 알려주지는 않는다. 분석자의 깊은 고민과 통찰력이 필요한 영역이다. 다시 한번 강조하지만 트렌드 분석은 지금의 경향이나 유행을 파악하는 것이 아니라, 미래에 도래할 사업을 선도적으로 개척하기 위한 것이다. 누군가가 이미 분석해 놓은 트렌드가 아니라 내가 시장을 예측할 수 있어야 새로운 기회가 열린다. 통찰은 현재까지의 결과물을 바탕으로 보이지 않는 미래를 훤히 꿰뚫어 보는 것이다.

10 분석해보기(2):
2차 데이터에서 신제품 아이디어 얻기
(빅카인즈)

시장 환경이나 트렌드를 알고 싶을 때, 신제품 아이디어를 얻고 싶을 때 가장 쉽게 접할 수 있는 데이터는 무엇일까? 시장에 나와 있는 2차 데이터이다. 2차 데이터에는 통계청의 인구센서스 데이터나 각종 설문조사 결과 그리고 전문 조사 기관의 발표 자료 등이 있다. 그런데 이런 데이터가 나에게 딱 맞춤해서 문제 해결을 바로 해주면 좋겠지만, 대체적으로는 뭔가 좀 부족하다. 나를 위한 것이 아니라 2차 데이터를 생산한 기관의 입맛에 맞는 데이터라서 그렇다. 그러면 문제 해결에 필요한 데이터를 직접 수집하는 것이 필요할 텐데, 어떻게 해야 할까?

조사 기획을 직접 하고, 설문조사도 직접 한다면 원하는 결과를 얻을 수 있지만 트렌드나 신제품 아이디어를 소비

데이터 마인드 기르는 습관

자에게 바로 질문한다고 해서 찾을 수 있는 것은 아니다. 신제품 콘셉트를 제시하고 수용도를 조사할 때는 어느 정도 답변을 들을 수 있지만 어떤 제품이 필요한지, 어떤 콘셉트로 제품을 만들어야 할지는 소비자도 금방 답하기 어렵다. 소비자 스스로도 자신의 욕구를 모르기 때문이다(앞서 언급했던 냉장고 사례를 기억해 보라).

빅카인즈 이용하기

내가 건강기능식품의 마케터나 제품 기획자라고 생각해보자. 소비자들의 건강 추구 경향은 오래전부터 있었고, 지금도 지속되고 있다. 소득의 증가, 수명의 연장, 삶의 질 추구 등 소비자의 건강 추구 욕구는 증대되고 있으며, 시장에도 이미 다양한 제품들이 출시되어 있다. 성숙 시장에 접어들었다고 봐도 무방하다. 그러면 어떤 제품으로 시장 확대를 꾀해야 할까? 상사로부터 히트할 수 있는 신제품을 개발하라는 지시를 받았다면 어떻게 해야 할까?

앞서 배웠던 대로, 제일 먼저 먼저 해야 할 일은 문제부터 정의하는 것이다. "소비자에게 직접 물어보지 않고도 신제품에 대한 욕구를 파악할 수 있을까(전문적인 소비자 조사를 거치지 않으면서도)?" "아이디어가 될 만한 키워드라도 얻고 싶다면 어떻게 해야 할까?" 등이 떠올려 볼 수 있는 문제다.

문제를 정의했다면 2차 데이터를 활용할 차례다. 우리 주변에서 매일 접하는 가장 대표적인 2차 데이터인 뉴스를 활용해보자. 뉴스는 그 자체로 빅데이터이며 대표적인 비정형 데이터다. 그리고 텍스트로 되어 있다. 산업 분야의 뉴스는 주로 기업체에서 홍보용으로 제공한 보도 자료를 기반으로 많이 작성한다. 또한 전문가의 견해나 연구 결과물이 기사화될 때도 있다. 소셜미디어를 많이들 쓰면서는 블로그의 텍스트 데이터도 기하급수적으로 증가했다. 이런 환경에서 실무자로 가장 간단하게 텍스트 데이터를 수집할 수 있는 방법은 빅카인즈를 이용하는 것이다.

이용법은 간단하다. 빅카인즈 사이트에 들어가서 네이버나 구글에서 검색하듯 키워드 검색만 하면 대체로 기본적인 분석이 이루어진다. 분석 과정은 뉴스 검색, 검색 결과, 분석 결과 및 시각화 이렇게 3단계로 구성된다. 그리고 분석한 데이터를 바탕으로 추가적인(심화) 분석을 하려면 엑셀로 데이터를 다운받으면 된다.

이때 검색 결과로 추출되는 문서(기사)가 많으면 좋겠지만 무조건 많다고 좋은 것도 아니다. 키워드 검색이다 보니 문제 정의에 부합하는 문서를 찾아내는 것은 별도의 큰 작업이다. 그래서 분석자의 선행 지식이나 키워드 선

데이터 마인드 기르는 습관

정 등이 중요하다. 그리고 이에 따라 데이터 품질 차이도 발생한다. 좀 더 정확한 수집을 위해서는 필요 없는 문서는 검색되지 않도록 검색 조건을 잘 설정하는 것이 중요하다.

기본 검색 키워드로 '건강기능식품'을 입력하고 기간을 2020년 1월 1일부터 2022년 12월 31일까지로 설정해보자. 그리고 54개 언론사 중 전국일간지와 경제일간지, 전문지로 한정해보자(기업에서 신제품 보도 자료를 주로 제공하는 언론사로만 한정). 그리고 정치, 경제, 사회 등 8개의 통합 분류 중에서 '경제'만 선택하자. 상세 검색에서는 제목과 본문에서 '형태소 분석'으로 그리고 단어 중 한 개 이상 포함에 '신제품, 신상품'을 설정한다. 이 정도로 검색 옵션을 지정하면 훨씬 정교한 분석이 가능해진다. 실제 이렇게 했더니 최종 수집된 문서는 1,224건이고 이중 중복, 예외 등 48건을 제외한 1,176건으로 검색 결과가 추려졌다.

텍스트 마이닝은 자연어로 구성된 비정형 텍스트 데이터에서 특정한 패턴 또는 관계를 추출하여 의미 있는 정보를 찾아내는 기법이다. 그리고 특정 단어가 얼마나 많이 나오는지 빈도$^{\text{term frequency}}$를 보여준다. 하지만 분석에 사용한 데이터는 자연어로 되어 있기 때문에 문장 그대로 쓰기 어렵다. 각각의 단어로 분리해야 하는데 이를 '형태소 분석'이라고 한다. 빅카인즈에는 한국어 특성에 최적

빅카인즈 뉴스 검색 설정(Step 01)

빅카인즈 뉴스 검색 결과(Step 02)

빅카인즈 뉴스 분석 결과(Step 03)

화된 형태소 분석기 '바른'을 분석 시스템에 포함해 놓았
다. 그래서 분석자가 메뉴 선택만 해도 바로 텍스트 마이
닝이 가능하다.

　빅카인즈에서는 텍스트 마이닝의 분석 결과 및 시각화
의 결과물을 '관계도 분석' '키워드 트렌드' '연관어 분석'
등으로 제공해준다. 관계도 분석을 통해 데이터의 전체적
인 특성을 살펴볼 수도 있다. 관계도 분석은 검색 결과 중
상위 100건의 분석 뉴스에서 추출된 개체명(인물, 장소, 기
관, 키워드) 사이의 연결 관계를 네트워크 형태로 시각화해
서 보여준다. 함께 제공되는 '관련 뉴스'는 '검색 결과 중
정확도 상위 100건의 뉴스'를 최신순으로 정렬한다. 관계

도 분석 결과를 보면서 '관련 뉴스'를 함께 살펴보면, 어떤 기사에 어떤 내용이 언급되었는지 한눈에 알 수 있다.

'건강기능식품' 분석 결과를 보면 '오메가'와 '프로바이오틱스'에 대한 언급량이 많고 연결망이 가장 발달되어 있는 것을 볼 수 있다. 건강기능식품과 면역 기능 강화에 좋은 원료의 결합으로 신제품을 많이 출시한 것으로 보인다(오메가는 정관장과 CJ제일제당, 프로바이오틱스는 풀무원과 농심). 프로바이오틱스와 관련된 키워드로는 폴리감마글루탐산PGA이 연결되어 있다. 풀무원식품에서 'PGA플러스 칼슘연두부'라는 신제품을 출시하면서 건강기능식품 원료인 폴리감마글루탐산을 포함해 자체 연구 개발했다는 기사도 볼 수 있다.

이런 분석 결과를 볼 때 새로운 원료를 발굴하거나 개발해서 이를 상품화하는 기업이 많음을 알 수 있다. 전통적인 건강기능식품 중 하나인 홍삼에 대한 언급과 정관장 브랜드의 언급량은 낮았지만, 다른 식품 기업들의 적극적인 활동이 두드러지게 보인다. 다만 여기서는(예시에서는) 데이터 전처리 과정을 생략했기 때문에 주제와 관련되어 있지 않은 키워드가 있을 수 있다.

키워드 트렌드를 연간 기준으로 살펴보면, 건강기능식품 신제품 기사는 지속해서 하락하는 추세인 것도 알 수 있다. 특히 2020년도에 가장 많이 언급된 걸 볼 수 있는

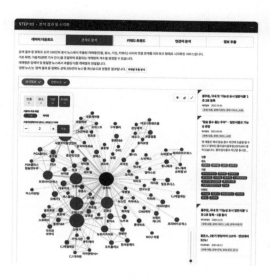

빅카인즈 뉴스 분석 결과(Step 03, 관계도 분석)

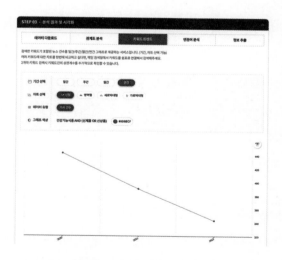

빅카인즈 뉴스 분석 결과(Step 03, 키워드 트렌드)

빅카인즈 뉴스 분석 결과(Step 03, 연관어 분석)

데, 코로나에 대한 두려움이 컸던 시기여서 면역 강화를 위한 건강기능식품 관심이 높았다(그 이후로는 매년 하락하는 추세다).

연관어 분석은 검색 결과 중 분석 뉴스와의 연관성(가중치, 키워드 빈도수)이 높은 키워드를 시각화해서 보여준다. 텍스트 시각화 방법 중 가장 대표적인 것으로 워드 클라우드가 있다. 최소의 의미를 지니는 문장 구성 성분인 형태소를 분석하고 그 빈도에 따라 문자의 크기를 나타내는 방법이다. 빅카인즈에서는 별도의 워드 클라우드 분석을 하지 않아도 시각화 결과를 바로 확인할 수 있다. 다만, 키워드 중에서 주제와 관련이 없는 단어는 제외해야 하는 데, 선택항목으로 분석 제외를 할 수 있다. 그리고 엑셀 테이블로 연관어 분석 결과를 다운로드할 수 있다. 이렇게 하면 단어 빈도도 쉽게 파악된다.

신제품 아이디어를 도출하자

텍스트 마이닝으로 분석한 결과를 놓고 신제품 아이디어까지 얻어내야 의미가 생기고 마무리가 된다.

지금까지 예시로 건강기능식품의 신제품 트렌드를 파악하고자 뉴스 1,100여 건의 기사를 분석했다. 결과를 정리해보면, 첫 번째로 건강기능식품과 신제품 단어가 들어간 뉴스가 해마다 줄어들고 있다는 것을 확인했다(잠시 코로나19로 인해 급증할 때가 있었지만). 두 번째로 건강기능식품의 주요 성분으로 오메가, 유산균, 프로바이오틱스 등이 주목받는다는 것을 알았다. 세 번째로 건강기능식품 생산 기업으로 CJ제일제당, 풀무원, 농심 등 식품 기업들이 활발히 움직이고 있음을 확인했다. 이러한 결과를 바탕으로 건강기능식품 시장에서 차별화할 수 있는 신제품 아이디어를 찾아야 한다. 새로운 원료나, 새로운 콘셉트, 새로운 가치를 제안하면 새로운 시장을 만들 수 있다. 마케터나 기획자의 전문성과 통찰력이 요구되는 순간이다.

한때 워드 클라우드 분석이 빅데이터 분석으로 잘못 알려진 적이 있었다. 다양한 글자 크기와 색깔이 다른 구름을 보고 번뜩이는 통찰을 한 사람도 있었겠지만 대다수는 그렇지 못했다. 텍스트 데이터를 시각적으로 보여주는 것만으로 빅데이터 분석을 마쳤다고 말할 수는 없다. 워드 클라우드 분석은 탐색적 분석의 하나로 보는 것이 타당하다. 텍스트 마이닝 결과를 바탕으로 예측 분석까지 해야 빅데이터를 활용했다고 말할 수 있다.

지금까지 2차 데이터 중 하나인 뉴스를 갖고서 신제품 아이디어를 얻는 과정을 살펴보았다. 건강기능식품과 관련하여 신제품(신상품)에 대해 뉴스 빅데이터를 빅카인즈로 수집하고, 텍스트를 분석하고, 그 결과를 시각화해보았다. 데이터 분석 전문가가 아닌 현업 실무자도 2차 데이터 중 비정형 빅데이터를 텍스트 마이닝으로 분석하고, 그 결과를 탐색적 결과물로 활용할 수 있다는 자신감을 가질 필요가 있다.

자꾸 해봐야 는다. 눈으로만 보지 말고, 실제 사이트를 열고 내 업무와 관련된 키워드부터 하나씩 넣어서 검색해보자. 시대를 앞서 가는(따라가는) 방법은 내가 직접 데이터를 수집하고 분석하는 그리고 시각화도 해보는 연습을 자주 하는 수밖에 없다.

11 분석해보기(3): 텍스트 데이터에서 핵심키워드 찾기 (형태소 분석, 파워BI)

회사 내부에 있는 텍스트 데이터로 고객의 소리VOC, Voice of Customer가 있다. 고객센터나 상담실로 들어온 문의와 이에 대한 답변, 고객 대상의 각종 인터뷰와 설문조사 내용 그리고 소셜미디어의 리뷰 등이 대표적인 고객의 소리다. 이 데이터들은 대부분 텍스트로 되어 있으며 몇 년 치가 쌓이면 회사 규모에 따라서는 빅데이터가 되기도 한다. 그동안은 이를 제대로 활용하는 기업이 중소기업 수준에서는 거의 없었다. 데이터를 다뤄본 적이 없거나 처리할 수준의 역량이 안 됐기 때문이다. 하지만 이제는 역량이 부족해도 가능하다. 앞에서 살펴봤던 빅카인즈의 빅데이터 분석 플랫폼에서 제공해주는 형태소 분석이나 마이크로소프트의 파워BI를 이용하면 된다. 코딩 없이도 드래그 앤드 드롭만으로 비정형 데이터를 어렵지 않게 분석할 수 있다.

간혹 엑셀로 정리되어 있는 경우도 있지만 대부분의 텍스트 데이터는 워드나 한글 같은 문서 파일로 되어 있다. 이번 글에서는 이런 데이터를 어떻게 활용할 수 있는지 살펴보고자 한다. 이번 분석에도 빅카인즈를 활용할 계획이다. 그리고 워드잇아웃(worditout.com) 웹사이트를 이용해 워드 클라우드 맵까지 만들어 볼 예정이다. 만약 텍스트 데이터가 빅데이터 규모라면 이 방법은 한계가 있다. 이런 경우에는 파워BI의 'word cloud' 개체 서식을 이용하여 텍스트 데이터를 분석할 수 있다. 각각의 방법에 대해 구체적으로 살펴보자.

빅카인즈와 워드잇아웃으로 텍스트 분석해보기

분석하고자 하는 텍스트 문서 파일(엑셀, 워드, 한글 등)을 열고 전체 선택을 한 다음, 빅카인즈의 메뉴에서 '형태소·개체명 분석' 메뉴를 클릭하고 텍스트 데이터 입력란에 붙여 넣기만 하면 된다. 간단하지 않나? 이렇게만 해도 현업에서 통찰할 수 있을 정도의 분석 결과를 얻을 수 있다.

빅카인즈에서는 내가 입력한 텍스트를 갖고서 형태소·개체명을 추출하고 단어, 태그, 품사명, 정확도 등을 알려

준다. 분석결과 상세보기를 다운로드하면 엑셀 파일로도 저장할 수 있다. 엑셀에서 이 파일을 불러오기 한 다음 필터 기능을 이용하여 약간의 편집을 거치면 형태소 분석 결과로 사용하는데 아무런 문제가 없다. 다만, 빅카인즈에서 형태소 분석은 한 번에 1만 자까지만 가능하다. 텍스트 양이 많다면, 적당하게 나누어 따로따로 분석해야 한다. 그런 다음 엑셀에서 통합하면 하나의 파일로 정리할 수 있다. 좀 번거롭지만 코딩 없이 가장 간단하게 할 수 있는 방법이다. 분석 결과에서 품사명 필드에서 일반명사만 선택한 다음, 단어만 복사해서 워드잇아웃 웹사이트에서 붙여넣기를 하면, 워드 클라우드 맵을 작성할 수 있다.

제주의 어느 호텔을 이용한 고객의 후기VOC를 갖고서 텍스트 데이터 분석을 예시로 한 번 해보자.[1] 맨 먼저, 엑셀을 열고 데이터 가져오기에서 분석하고자 하는 텍스트 데이터 파일을 가져 온다. 그런 다음 분석하고자 하는 텍스트를 복사한다. 이제 빅카인즈에 들어가서 [뉴스분석〉형태소·개체명 분석〉텍스트 입력]란에 붙여넣기를 한다. 붙여 넣기를 완성했다면 분석 버튼을 누른다. 분석 결과는 하단 아래에 나온다. '분석결과 상세보기' 메뉴의 최하

---

[1]　예제 데이터 파일(hotel review text data.xlsx)은 다음의 URL에서 다운로드할 수 있다. https://bit.ly/43uoVjm

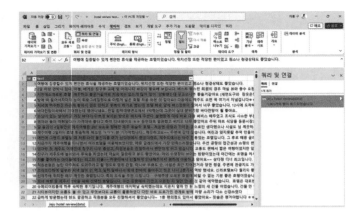

텍스트 데이터(호텔 리뷰, 엑셀 파일)

형태소 분석 결과(빅카인즈, 분석결과 상세보기)

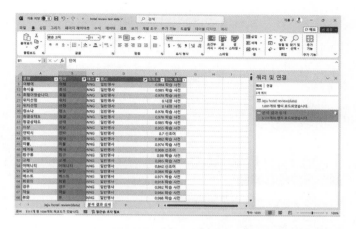

형태소 분석 결과에 대한 전처리(엑셀) 및 단어 복사

단에 있는 '다운로드'를 클릭하여 형태소 분석의 결과를
엑셀 파일로 저장한다.

　다운로드 받은 파일을 [데이터-새쿼리] 메뉴를 이용하
여 파일 불러오기 한 다음, 엑셀의 필터 기능을 이용해 전
처리를 한다. 머리글 행의 '품사' 필드에서 일반 명사만 선
택하고, 불필요한 키워드는 제외(??, ㅋ, ㅠ, ㅎ 등)한다. 분석
자 기준에서 의미가 없는 단어는 모두 제외한다. 이렇게
해서 가장 많이 언급되는 단어를 뽑는다. 추출된 단어는
다시 복사 후 워드잇아웃 웹사이트에서 워드 클라우드
분석하기로 옮긴다.

　이제부터는 워드잇아웃에서의 설명이다. 웹사이트

접속 후 먼저 Create를 클릭한다. 앞서 복사한 단어를 Original text 입력란에 넣는다. 그런 다음 Generate 버튼을 눌러 워드 클라우드 분석을 실행한다.

처음 얻은 워드 클라우드 맵의 완성도가 높다면 그대로

워드잇아웃에서 워드 클라우드 분석(웹)

워드잇아웃에서 워드 클라우드 맵 다듬기(웹)

　　　　　　　　　　데이터 마인드 기르는 습관

형태소 분석의 최종 결과물(호텔 리뷰)

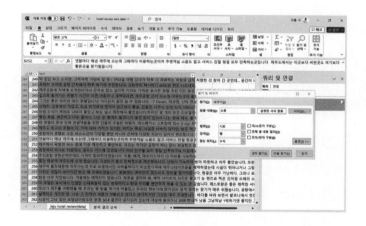

맥락 분석으로 도출된 단어의 의미 파악(엑셀)

사용하면 되지만, 한 번에 적합한 그림을 얻기는 쉽지 않다. 반복 수행을 통해 완성도를 높이는 분석을 해야 한다. MAKE A WORD CLOUD에서는 Regenerate 메뉴를 통해 원하는 그림으로 다듬기를 한다. Font, Colour, Layout, Size 등을 이용해 보기 좋게 편집할 수 있다. 최소 빈도수Minimum frequency를 조정하여 선택될 단어의 수를 결정하고, 마지막으로 Save 메뉴에서 이메일 보내기를 하면 분석 결과물을 저장할 수 있으며 다운로드도 가능하다. 캡쳐 한 이미지는 보고서 등으로 삽입해서 사용하면 된다. 그리고 엑셀의 찾기 기능을 이용하여 맥락분석도 진행한다(해당 단어 전후에 있는 다른 단어나 내용으로 긍정 부정 등의 맥락을 파악하는 것). 마지막으로 분석 결과에 대한 시사점을 도출한다.

고객 리뷰 글VOC에서 '호텔'을 제외하고 가장 많이 언급된 단어는 '공항' '객실' 그리고 '직원' '위치' '조식' 등이다. 이어서 '가격' '시설' '제주' 등도 많았다. 그런데 단어의 의미가 무엇인지는 아직 알 수 없다. 문제, 소음, 신경, 단점 등 부정적인 단어도 있지만 가성비, 친절, 최고 등의 긍정적인 단어도 있다. 단어 자체로는 맥락을 알 수 없기 때문에 원본 데이터(엑셀 파일)에서 해당 단어를 검색해서 앞과 뒤로 무슨 내용이 나오는지 살펴보아야 한다(맥락분석). 그러면 좀 더 구체적인 니즈 파악이 가능하다.

'소음'이란 단어는 부정적인 이야기일 것으로 짐작된

다. 실제 엑셀의 찾기 기능을 이용해서 하나씩 체크해보니 28건의 소음에 대한 의견을 찾을 수 있었다. 내용 중에서 "소음은 거의 없었다"라는 긍정 의견도 있었지만 "팬의 소음이 수면에 방해가 될 정도로 매우 거슬렸다"라는 의견도 있었다.

워드 클라우드 맵은 형태소 분석 결과를 빈도수로 시각화한 것일 뿐이다. 형태소 분석만 해서는 안 된다. 핵심은 무엇을 알아내고, 무엇을 할 것인지, 통찰하는 것이다.

파워BI로 텍스트 데이터 분석해보기

앞에서 예시를 든 것처럼 데이터의 양이 많지 않다면(텍스트 1만 자 이내로 대략 A4 5장 정도) 빅카인즈를 이용해 형태소 분석을 하고 워드잇아웃에서 워드 클라우드 맵을 작성하면 된다. 그런데 그게 아니라 데이터의 양이 많다면(텍스트 1천만 자, 대략 A4 5천 장 정도라면) 어떻게 해야 할까? 이때 이용할 수 있는 것이 파워BI이다. 이 역시 코딩 없이 드래그 앤드 드롭 방식이다.

이제 본격적으로 파워BI로 텍스트 분석을 해보자. 예를 들어, 최근 5년간 '인구 감소'에 대한 트렌드가 궁금해졌다고 하자. 언론에 언급된 인구감소와 관련하여 가장 많이 언급된 단어가 궁금하다면 빅카인즈에 가서 '인구감소'로 검색을 하고 결과를 엑셀 파일로 다운로드한다.[2]

그런 다음, 파워BI를 실행한 후 데이터 가져오기에서 해당 파일을 불러온다. 가져온 데이터에서 필드의 데이터 형식이 맞지 않거나 분석에 사용하지 않는 불필요한 행 및 열을 제거 하는 등의 전처리가 필요하다. 이 경우 변환 탭을 이용하여 파워 쿼리 편집기를 불러낸 다음 전처리를 진행한다. 원본 데이터와 전처리 결과를 비교하기 위해 쉬트 복제 및 복제 쉬트에서 '일자'와 '키워드' 필드만 남기고 분석에 불필요한 필드는 제거한다. 메뉴 순서를 간단히 정리하면 다음과 같다.

- 파워BI: 홈〉데이터 변환〉데이터 변환〉파워 쿼리 편집기
- 파워 쿼리 편집기(시트 복제): 홈〉쿼리〉쉬트에 마우스 위치한 다음 우측 버튼 클릭〉복제
- 파워 쿼리 편집기(열 제거): 홈〉데이터 필드〉불필요한 필드에 마우스 위치한 다음 우측 버튼 클릭〉제거

---

2 빅카인즈에서 뉴스검색을 통해 다운로드한 예제 데이터 파일(NewsResult_20190101-20231121.xlsx)은 용량이 커서 공유가 어렵다. 제시한 검색 요건에 맞춰 빅카인즈에서 검색 후 다운로드 받으면 동일한 결과 파일을 만들 수 있다. 검색어 : 인구감소, 기간 : 2019-01-01 ~ 2023-11-21, 검색대상 : 뉴스, 검색어 범위 : 제목+본문, 검색어 처리 : 형태소 분석, 언론사 : 전체, 통합분류 : 전체, 사건사고 : 전체

빅카인즈 뉴스검색 및 텍스트 빅데이터 다운로드(인구감소)

- 파워 쿼리 편집기(데이터 형식 변경): 홈〉데이터 필드의 '일자' 필드에 마우스 위치〉데이터 형식: 정수→텍스트→날짜〉새 단계 추가[3]
- 파워 쿼리 편집기(편집한 내용 저장) : 홈〉닫기 및 적용〉닫기 및 적용[4]

파워BI에는 기본으로 제공되는 시각적 개체가 30여 개가 있다. 사용자 지정 시각적 개체는 약 200개 이상이며, 지속적으로 업데이트 및 추가되고 있다. 이글에서는 Word Cloud 앱으로 워드 클라우드 맵을 작성하고 슬라이서 기능을 이용하여 연도별로 어떻게 변화하는지 파악할 수 있도록 시각화 보고서를 작성해보기로 한다(이 과정은 13장에서도 한 번 더 설명한다).

- 파워BI(워드 클라우드 분석을 위한 시각적 개체, 필요시 추가 설치): 시각화 개체 빌드〉더 많은 시각화 개체 빌드 가져오기(…)〉Power BI 시각적 개체〉검색: 'word cloud',

---

[3] '일자' 필드의 데이터 형식이 정수로 되어 있어 날짜 기능을 못하기 때문에 데이터 형식을 날짜로 변환해야 함. 단, 이 경우에는 데이터 형식을 텍스트로 한 번 변환한 다음 다시 날짜로 해야 에러가 발생하지 않음.

[4] 분석에 사용되는 데이터의 행은 19,160행이며, '키워드' 필드의 글자수는 14,948,990자로 A4 기준으로 대략 7,400장 정도임

파워BI에서 엑셀 데이터 가져오기 및 확인

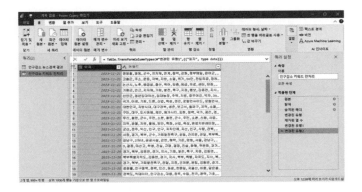

파워BI에서 엑셀 데이터 전처리

'Word Cloud' 앱 추가[5]

- 파워BI(분석하고자 하는 데이터 확인): 홈>필드>'인구감소 키워드 전처리' 선택
- 파워BI(인구감소 워드 클라우드 분석) : 시각화>시각적 개체 빌드>Word Cloud>범주: 키워드
- 파워BI(서식 조정): 시각적 개체 서식 지정>시각적 개체 >중지 단어>단어: '인구 감소 인구감소 1 2 3 4 5 6 7 8 9 10 0' 등, 텍스트 회전: off, 일반>제목 : 인구감소 키워드 분석, 효과: 시각적 테두리 on 등

5   만약 로그인 없이 시각적 개체를 추가하려면 'Word Cloud' 앱을 검색하여 파일을 다운로드 한 다음 이를 '파일에서 시각적 개체 가져오기'를 이용하여 설치할 수 있다. (마이크로소프트 앱, https://bit.ly/3tOu1uR)

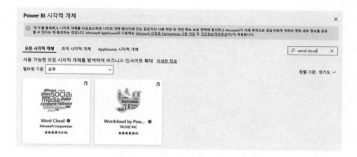

파워BI에서 'Word Cloud' 시각적 개체 추가

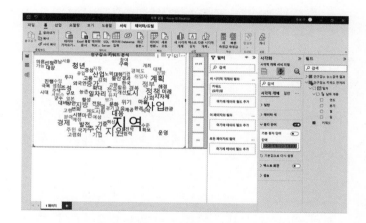

파워BI에서 인구감소 워드 클라우드 맵 작성

파워BI에서 워드 클라우드 분석한 최종 결과물(인구 감소)

- 파워BI: 시각적 개체 빌드〉슬라이서: 필드〉일자〉연도, 일반〉제목: 연도, 효과: 시각적 테두리 on, 배경: 색 지 정 등

분석 결과가 나왔다. 이제 시사점을 도출해보자. 분석 결과 '인구감소' '인구' '감소'을 제외하고 가장 많이 언급 되는 단어는 '지역' '사업' 그리고 '지원' '정책' '추진' 등 이다. 분석 결과를 보게 되면 인구 감소와 관련이 깊은 단 어는 '지역'이며, 정책 사업이나 지원에 대한 언급이 많은 것으로 나타났다. 그밖에도 청년, 일자리, 농촌, 고용 등이

데이터 마인드 기르는 습관

눈에 띈다.

파워BI를 이용해 워드 클라우드 작업 과정을 살펴보았다. 너무 간단하게만 설명한 것은 아닌지 모르겠다. 순서나 절차 등을 이해하기 어렵다면, 검색을 통해 좀 더 상세히 정리된 웹 문서나 유튜브 영상 등을 참고하면 좋겠다.

지금까지 코딩 없이 메뉴 선택만으로도 간단하게 텍스트 데이터를 분석하는 방법을 알아보았다. R이나 파이썬으로 좀 더 정교한 분석이 가능하겠지만 데이터 분석 전문가가 아닌 일반인이 접근하기에는 한계가 있다.

분석 도구가 아니라 분석 목적을 생각한다면 빅카인즈의 형태소 분석을 이용하든, 파워BI의 워드 클라우드 분석을 이용하든 충분한 시각화 결과물을 얻을 수 있다. 중요한 것은 어떤 문제(과제)가 있고, 그 문제를 해결하기 위해 텍스트 빅데이터를 수집하거나 이미 존재하는 텍스트 데이터에서 많이 언급되는 단어(핵심 키워드)를 찾아 현재까지의 변화를 읽어 내는 것이다. 데이터 마인드를 가지고 지속적인 연습을 하면 데이터 이면의 의미를 꿰뚫어 볼 수 있다.

12 분석해보기(4): 정량 데이터로 결론 도출 해보기 (기술통계, 가설검정, A/B 테스트)

새로 도입된 우리 회사(기관)의 정책에 대해서 알고 있는 고객은 얼마나 될까? 서비스 만족도(선호도)는 어느 정도이고, 재구매(재이용) 비율은 어느 정도일까? 그리고 선호도가 높다는 것은 어떤 의미이며, 선호도를 갖는 고객의 분산 variance은 어느 정도일까? 나아가 우리 회사(기관)를 이용하는 고객의 인구통계학적 분포는 어떤 형태일까?

이런 문제들의 답을 알고자 할 때 어떤 방법이 있을까? 빈도 분석과 기술통계 분석이 이런 문제를 해결할 수 있다. 빈도 Frequency 분석은 주로 명목척도, 서열척도 같은 범주형 데이터를 분석할 때 사용하고, 기술통계 Descriptive Statistics 분석은 주로 등간척도, 비율척도 같은 연속형 데이터를 분석할 때 사용한다.

빈도 분석과 기술통계 분석 해보기

고객 만족도를 조사한 데이터가 있다고 해보자. 1,000명의 표본을 얻었고, 인구통계적인 특성에 대해서도 질문했다. 전반적인 만족도 항목이 있고, 개별적인 만족도 항목도 있다. 만족도는 5점 등간척도를 사용했다. 이제 분석을 해보자.

먼저 만족도와 인구통계적 변수 사이에 어떤 특성이 있는지 알아봐야 한다. 분석 도구로 엑셀 데이터 분석, KESS 등 어떤 도구를 사용해도 결과는 동일하다. 여기서 중요한 것은 기술통계 분석을 하는 변수, 빈도 분석을 하는 변수를 무엇으로 할 것인지 결정하는 것이다.

기본적으로는 모든 변수를 빈도 분석해서 데이터에 문제가 없는지 살피고, 이상한 점이 있다면 원본 자료를 검토하면서 제대로 측정하고 기록했는지 확인해야 한다. 데이터에 이상이 없다는 확신이 서면 범주형 데이터 변수들은 빈도 분석의 결과를 바탕으로 분포를 확인한다. 히스토그램으로 볼 수 있으며, 빈도표를 통해 어느 항목이 많이 분포되어 있는지 빈도와 비율로 확인할 수 있다.

그리고 연속형 데이터 변수들은 기술통계분석을 통해 평균값, 최빈값, 중앙값, 분산, 표준편차, 범위, 첨도와 왜도 등의 통계치를 통해 변수의 분포를 확인한다. 히스토그램이나 박스 플롯을 통해 시각적으로도 확인할 수 있다. 만족도를 성별로, 연령대별로, 직업별로 확인하고 싶다면 엑셀의 피벗테이블을 이용하면 각각의 평균값도 쉽게 구할 수 있다(빈도 분석과 기술통계 분석의 통계치에 대해서는 5장을 다시 한번 참조해도 좋다).

추론통계 – 가설검정 해보기

다양한 방법으로 고객 만족을 높이기 위한 활동을 했다. 그런데 성과는 잘 모르겠다. 과연 어떤 활동이 가장 높은 효과를 발휘하는 걸까? 그리고 성별, 연령별, 소득별로도 만족도 차이나 추천 의향에 차이가 있는 걸까? 집단별 값에도 차이가 있는 걸까?

이 문제를 해결하는 통계 기법이 추론통계 즉, 통계적 가설검정Statistical Hypothesis Test이다. 가설검정은 모집단으로부터 추출한 표본을 사용하여 통계치로 모집단의 특성을 가설로 추정하는 방법이다. 가설검정을 위해서는 독립된 두 개의 집단일 때는 T-test를, 표본 집단이 두 개 이상일 때는 분산분석ANOVA을 사용한다.

가설검정을 하는 절차와 방법을 한 문장으로 요약하면 가설을 설정하고, 유의수준을 결정한 다음, 검정 통계량을 산출하고, 기각 혹은 채택을 판단하는 것이다. 하나씩 자세히 살펴보자(이미 5장에서 기술통계의 예시를 든 적 있다).

첫째, 가설Hypotheses은 연구자가 관심을 갖고 있는 현상이나 요인에 관한 증명되지 않은 진술이나 제안이다. 귀무가설Null Hypothesis, H0은 기존에 사실이라고 받아들여지는 가설이고, 대립가설Alternative Hypothesis, H1은 기존의 사실에 대립되는 연구자의 가설이다. 즉, 귀무가설은 차이가 없거나 영향이 없다는 것을 의미하고, 대립가설은 어떤 견해나 행동에 변화를 유발시킬 수 있음을 의미한다. 예를 들어보면, 귀무가설(H0)은 '성별에 따라 만족도에 차이가 없을 것이다'로, 대립가설(H1)은 '성별에 따라 만족도에 차이가 있을 것이다'로 가설을 설정할 수 있다.

둘째, 유의수준Significance Level, α은 가설 검정을 할 때 이 정도까지 벗어나면 귀무가설이 참임을 인정하는 것으로, 귀무가설을 기각하는 오류(1종 오류)를 범하는 수준(유의수준=1 − 신뢰수준)을 말한다. 기본적으로는 귀무가설이 맞지만 표본이 신뢰수준 95%를 벗어나는 정도로 귀무가설이 틀렸다면 귀무가설을 기각하는 것이다(즉, 대립가설을 채택). 이때 유의수준은 통상 0.05나 0.01이 주로 사용된다. 대체로 사회과학에서는 95% 신뢰수준(유의수준 0.05), 생명과학에서는 좀 더 엄정한 99% 신뢰수준(유의수준 0.01)을 적용한다. 통일된 원칙은 없다.

셋째, 검정통계량Test Statistics은 관찰된 표본으로부터 구하는 통계량으로 분포가 가설에서 주어지는 모수에 의존한다. 검정시 가설의 진위를 판단하는 수단이 된다. 즉, 자신이 세운 가설이 맞는지 아닌지를 판단하는 판단 기준이 된다. 유의수준(α)의 크기에 해당하는 영역으로 계산된 검정통계량의 유의성을 판정하는 기준을 기각역Critical Region이라고 한다.

넷째, 유의확률Significance Probability, p-value은 귀무가설이 옳다고 가정했을 때 실제적으로 기각하게 되는 확률로 p-값이 유의수준 값보다 작게 되면(p<0.05) 귀무가설을 기각하고 대립가설을 채택한다. 즉, 귀무가설이 맞다고 가정할 때 얻은 결과보다 극단적인 결과가 실제로 관측될 확률이다. 다시 말하면, 유의수준(1종 오류 허용 수준)보다 유의확률(1종 오류가 발생할 확률)이 낮으면, 귀무가설은 기각되고 대립가설은 채택된다. 예시에 따르면 "성별에 따른 만족도 차이가 있다"라는 것으로 결론 내리게 된다.

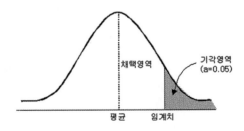

가설검정의 유의수준 및 기각영역

데이터 마인드 기르는 습관

결과적으로 다음 연도에 고객만족도 증대를 위한 기획을 한다면 성별에 따른 만족도 제고 방안을 다르게 해야 한다는 의미가 된다. 이 포인트가 우리가 궁극적으로 얻어야 할 통찰이다.

A/B 테스트 분석 해보기

이런 문제가 있다. 새로운 디자인(UX/UI) 시안 A와 B, 둘 중 어느 것이 더 좋을까? 홈페이지의 랜딩페이지에 들어갈 버튼의 색은 빨강 혹은 파랑 중 무엇이 전환율이 높을까? 이벤트 기획을 했는데, 예약률이 매우 저조하다. 가격 할인 쿠폰(2,000원)과 할인율 쿠폰(20%) 중 어느 쪽 사용률이 더 높을까? 신간 출간을 앞두고 책 표지 디자인을 했는데, 시안 A와 B 중 뭐가 더 좋을까?

이와 같은 문제를 데이터 기반으로 해결하는 방법이 실험에 의한 A/B 테스트 분석이다. A/B 테스트^A/B Testing는 사용자를 두 개의 그룹으로 무작위 추출^random sampling하여 다른 상황을 제시했을 때, 각각의 반응을 비교하는 통계 기반의 분석 기법이다. 무작위비교연구^RCT; Randomized-controlled trial 방법이라고도 한다. 주로 디자인, 인터페이스, 상품 배치, 광고 시안, 프로모션 시안 등을 개선하는데 많이 사용

된다.

각 상황에서의 유도된 행위를 한 사용자의 비율(=전환율)이 유의미한 통계적 차이가 있는지 검정하는 방법이다. 통계적 차이의 유의미함 정도는 p-값으로 추론한다. 만약 A/B 테스트를 통해 두 집단을 비교했을 때, 유의확률(p-값)이 0.000(p<0.05)으로 나왔다면, 유의수준(0.05) 값보다 작기 때문에 A안과 B안은 통계적으로 차이가 있는 것으로 판단한다. 즉, 평균값이 더 높은 것이 좋은 대안이며 이 안으로 의사결정 할 수 있다.

실제 A/B 테스트에 의한 실험과 데이터 분석 결과를 살펴보자. 새로 출간하는 책에 어떤 제목(A안, B안)을 선택해야 더 많은 사람들이 구매할지 판단하는 문제다. 테스트 결과를 바탕으로 의사결정을 하고자 한다. 책 디자인은 고정하고 책의 제목(책명)만 바꾸었을 때 구매 의향이 어떻게 달라지는지 실험하고, 수집된 데이터를 가설검정을 한 다음, 분석 결과를 해석해보자.

먼저 가설부터 세워보자. 귀무가설(H0)은 다음과 같다. "제목에 따라 구매 의향에 차이가 없을 것이다." 이에 따른 대립가설(H1)은 다음과 같다. "제목에 따라 구매의향에 차이가 있을 것이다." 데이터 수집(실험)은 출간 예정 도서의 잠재 고객을 대상으로 두 개의 집단으로 나눈 다음 QR코드를 통해 구글 설문지를 받기로 한다. 첫 번째

A group   B group

https://bit.ly/3I7BVmb   https://bit.ly/3Yj2vzI

책표지 디자인 개발 및 실험 설계(서베이)

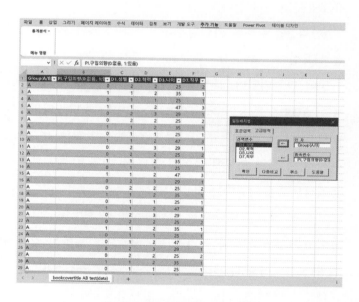

A/B 테스트 데이터 및 분산분석(KESS) 메뉴

집단에는 책 표지 디자인 A안을, 두 번째 집단에는 B안을 보여주었다. 그런 다음 구매 의향 여부를 묻는 질문을 하고, 응답 값을 엑셀 파일로 정리해 통계분석을 한다.

구글설문지로 응답받은 결과를 엑셀 파일로 가져온 후 분산분석을 위해 엑셀에 추가 기능으로 설치한 KESS의 메뉴 중에서 분산분석의 일원배치법 내 고급입력에서 인자는 'Group(A/B)' 변수를, 종속변수에는 'P.구입의향(0:없음, 1:있음)'을 선택한다.[1]

A안과 B안에 대한 가설검정을 위해 일원배치 분산분석을 사용한다(T-test 분석을 해도 됨). 등분산 검정에서 등분산 가정이 만족되었다. 분석 결과를 살펴보면, 유의확률(p-값)이 0.000으로 유의수준(p<0.05) 값보다 작게 나왔다. 즉, 대립가설을 채택한다. 유의수준 5%(신뢰수준 95%)에서 "제목에 따른 구매 의향에 차이가 있을 것이다"를 채택하여 통계적으로 유의하다는 것을 검증했다.

이 분석 결과를 바탕으로 의사결정을 한다면, B안의 평균이 0.71로 A안 보다 높기 때문에 B안으로 정하는 것이 현명한 선택이 된다. 하지만 그렇다고 해서 무조건 B안을 선택해야 한다는 것은 아니다. A안보다 B안이 더 낫다는

---

[1] 예제 데이터 파일(bookcovertitle AB test(data).xlsx)은 다음의 URL에서 다운로드할 수 있다. https://bit.ly/43uoVjm

것을 확인한 것이라 할 수 있고, 최종 의사결정자가 이를 바탕으로 최종안을 선택해야 한다.

정량 데이터를 기반으로 문제를 해결하는 접근 방법은 조사방법과 데이터 수집뿐만 아니라 통계와 통계분석 기법에 대한 이해가 필요하다. 데이터 분석 도구는 익숙한 도구를 사용하면 되기 때문에 중요한 문제가 아니다. 분석 도구가 다르더라도 통계분석의 결과물은 대체로 비슷한 결과가 나오는 게 정상이다. 중요한 것은 데이터 기반 해결 과제가 어떤 것이고, 이를 통계적으로 검정하는데 어떤 분석 기법을 사용하며, 분석 결과는 어떻게 해석하는지 여부다.

13 분석해보기(5): 시각화로 쉽게 통찰하기 (파워BI)

시각화는 아이디어를 탐구하고 정보를 전달하는 빠르고 효과적인 방법이다. 시각화는 복잡한 변수들의 집합인 데이터를 목적에 맞게 그림으로 표현하는 것을 말한다.

테이블 형태의 데이터와 변수에 초점을 맞춘 시각화도 있고 다양한 정보를 그림 형태로 표현하는 인포그래픽도 있다. 모두 쉽게 정보를 전달하고자 하는 목적을 갖고 있다.

데이터 시각화의 의미

데이터 시각화이든 인포그래픽이든 기본적인 목적은 통찰에 있다. 통찰해야 의사결정을 하고 실행할 수 있다. 그래

데이터 마인드 기르는 습관

야 데이터로부터 비즈니스 변화를 이끌어낸다. 이처럼 데이터 시각화는 깔끔하고 예쁘게 보기 위한 것이 아니라 새로운 가치를 만들기 위한 활동이다. 데이터 변환 이상의 작업임을 기억해야 한다.

인간은 어떤 일을 수행하거나 일상생활에서 필요한 정보를 구하려고 할 때 80% 이상을 시각에 의존한다.[1] 그래서 데이터를 시각화하는 것이 여러모로 좋은 점이 많다. 그중 몇가지만 살펴보자.

가장 먼저(첫 번째), 데이터를 이해하기 쉽고 오래도록 기억하게 해준다. 단순하게 숫자로 나열하는 것보다 차트로 제시하면 한 눈에 비교가 가능하기 때문에 기억하기에 더 좋다. 두 번째는 알려지지 않은 사실, 특이치 및 추세 등을 발견하기가 용이하다. 박스 플롯 같은 차트를 그리면 이상치가 바로 보인다. 세 번째는 관계 및 패턴을 신속하게 파악하도록 도와준다. 계층적 군집의 결과를 덴드로그램Dendrogram(트리 다이어그램)으로 나타내면 어떤 특정 단계에서 병합 혹은 분할되는지 쉽게 알 수 있다. 그리고 전체 군집 간의 관계도 신속하게 파악이 된다. 네 번째, 더 나은 질문을 하고 결과적으로 더 나은 의사결정이 되도록

---

[1] Sanders, M.S. and McCormick, E.J.(1993), 〈Human Factors in Engineering and Design〉, McGraw-Hill Education.

도와준다. 영국 의사 존 스노우는 우물과 사망자의 수를 나타내는 콜레라 지도를 작성하여 콜레라가 수인성 질병이라는 사실과 예방을 위해서는 우물의 펌프를 폐쇄해야 한다는 의사결정을 이끌어 냈다(이 사례는 데이터 분석을 논할 때 빠지지 않고 언급되는 사례로 21장에서도 다시 다룬다).

각 집단의 기술통계량이 동일하다면 집단의 특성은 같다고 할 수 있다. 그러나 차트를 만들어보면 꼭 그렇지 않음을 알 때가 있다. 앤스컴 콰르텟Anscombe's quartet은 기술통계량은 유사하지만 분포나 그래프는 매우 다른 네 개의 데이터 세트이다.[2] 앤스컴이라는 통계학자가 찾은 데이트 세트로 시각화의 중요성과 특이 값 등의 영향을 보여준다.

각 데이터 세트는 다음 표와 같이 11개의 (x, y) 좌표로 이루어져 있다. 위 4개의 데이터 세트의 기술통계량은 다음과 같다. 각 집단의 x값 평균은 9, 표본분산은 11, y값 평균은 7.50, 표본분산은 4.125 이다. x와 y의 상관계수는 0.816, 선형회귀선은 y = 3.00 + 0.500x, 선형회귀 결정계수는 0.67로 나타난다. 네 개의 각 그룹은 기술통계량이 동일하다. 마치 비슷한 데이터 세트(그룹)라는 생각이 든다.

그런데 시각화를 해보면 이런 생각이 틀렸음을 바로 확

2 F. J. Anscombe (1973), "Graphs in Statistical Analysis", The American Statistician, 27(1), 17-21.

I		II		III		IV	
x	y	x	y	x	y	x	y
10	8.04	10	9.14	10	7.46	8	6.58
8	6.95	8	8.14	8	6.77	8	5.76
13	7.58	13	8.74	13	12.74	8	7.71
9	8.81	9	8.77	9	7.11	8	8.84
11	8.33	11	9.26	11	7.81	8	8.47
14	9.96	14	8.1	14	8.84	8	7.04
6	7.24	6	6.13	6	6.08	8	5.25
4	4.26	4	3.1	4	5.39	19	12.5
12	10.84	12	9.13	12	8.15	8	5.56
7	4.82	7	7.26	7	6.42	8	7.91
5	5.68	5	4.74	5	5.73	8	6.89

앤스컴 콰르텟 데이터셋

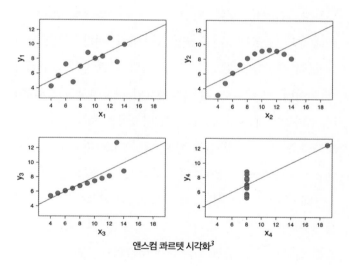

앤스컴 콰르텟 시각화[3]

3   https://commons.wikimedia.org/wiki/File:Anscombe%27s_quartet_3.svg

인할 수 있다. 그림과 같이 완전히 다른 특성이 있는 집단임이 확인된다. 이를 보게 되면, 기술통계량만 보지 말고 시각화를 통해 보다 정확한 의미를 해석해야 하는 것이 어떤 중요성을 갖고 있는지 알 수 있다.

시각화 역시도 데이터 기반의 의사결정을 하기 위함이다. 대시보드 위에 표현되는 시각 이미지를 보면서 회사나 조직의 현황을 한 눈에 보고 의사결정한다. 이는 경영을 위한 내비게이션으로 비즈니스 인텔리전스[B]이다.

데이터 시각화를 활용할 수 있는 분야와 방법은 무궁무진하다. 최근에는 정부 및 민간 기관에서 공공데이터를 제공해 준다. 공공데이터를 수집, 분석하고 시각화하면 보이지 않던 시장과 트렌드를 볼 수 있다. 통계청의 인구센서스 데이터, 서울 열린 데이터 광장의 서울지하철승객데이터, 갭마인더재단(gapminder.org)의 버블차트 등은 인구 변화, 교통량 변화, 글로벌 인구 변화 및 국가별 소득수준과 기대수명 등을 한눈에 볼 수 있는 대표적인 시각화 차트다.

아래 그림의 버블차트는 기대수명과 소득수준으로 전세계 국가의 인구를 하나의 차트로 표현했다. 버블의 크기는 인구수이다. 남한과 북한을 비교해보면 2022년 기준으로 기대수명은 크게 차이가 나지 않는다. 다만 소득은 남한이 레벨4에 해당하는 반면, 북한은 레벨1에 머물러 있다. 대체로 우상향은 선진국, 좌하향은 후진국으로 분류

갭마인더의 버블차트[4]

된다. 갭마인더재단 웹사이트에 들어가서 1945년부터 시계열적으로 어떻게 변했는지 살펴보면, 보다 더 깊은 통찰을 얻을 수 있다.

데이터 시각화 도구

데이터 시각화 도구는 사람들이 데이터를 쉽게 이해할 수 있도록 변수들의 관계를 계산된 그림 형태로 표현한다. 데이터 분석 도구는 대체로 시각화 기능을 포함하고 있다. R과 파이썬은 물론이고, 엑셀에서도 표준 차트 작성은 물론

---

4   https://www.gapminder.org/tools/#$chart-type=bubbles&url=v1

이고 피벗테이블과 피벗차트를 이용해 시각화가 가능하다. 비즈니스 인텔리전스[BI]를 구현하고 싶다면 파워BI도 있다.

그외에도 인포그램(infogram.com)은 35개 이상의 대화형 차트와 550개 이상의 맵을 통해 파이 차트, 막대 그래프, 세로 막대형 테이블, 워드 클라우드 등 데이터 시각화를 할 수 있도록 도와준다. 다만, 원본 데이터가 아니라 데이터 분석 결과물을 갖고서 만든다. 즉, 분석 도구라기 보다는 시각화를 위한 전문 디자인 도구로 보는 게 맞다. 캔바(canva.com)는 전문가 수준의 깔끔한 인포그래픽 작성이 가능하다. 사용자 정의 색상과 막대 차트, 선 그래프, 파이 차트 등의 다양한 스타일 및 템플릿이 제공된다. 인포그램과 마찬가지로 데이터 분석 결과물로 차트도 만들 수 있다. 다만, 둘 다 제대로 사용하려면 유료 버전을 이용해야 한다.

시각화 형태는 주로 차트[chart]나 그래프[graph]이다. 둘은 비슷한 것 같지만 사용되는 맥락에 따라 차이가 있다. 차트는 특정 시점을 기준으로 비교를 보여준다. 바(막대)나 파이 형태의 차트는 주변에서 많이 볼 수 있다. 그래프는 시간에 따른 변화를 보여준다. 데이터의 상관관계나 추세를 나타내기 위한 시각화이다. 시간과 값을 나타내는 두 개의 축(X, Y)이 있으며, 데이터의 분포나 변화를 시각적으로 나타낼 때 사용한다. 선 그래프, 산점도, 히스토그램 등이 있다.

정리하면, 차트는 표 형식으로 정보의 집합을 보여주는 반면, 그래프는 데이터 그룹 간의 수학적 관계를 보여준다. 사실, 차트와 그래프는 엄격하게 구분하기 어려울 때가 많으며 상호 교차적으로 사용하기도 한다(아래에 설명하는 차트와 그래프는 뒤편의 "파워BI에서 작성한 시각화 차트들"에서 모양을 확인할 수 있다).

①원차트(Pie chart): 전체를 기준으로 각 부분의 상대적인 크기를 시각화하는 데 사용한다. 각 부분은 원의 부채꼴 모양으로 나타낸다. 부분의 비율을 쉽게 파악할 수 있다. 전체는 항상 100%이다.

②막대차트(Bar chart): 범주형 데이터를 시각화하는 데 사용한다. 수평막대차트와 수직막대차트가 있다. 각 막대는 범주의 크기를 나타내며, 막대의 길이는 수치를 나타낸다.

③선그래프(Line graph): 수치 데이터의 변화를 시각화하는 데 사용한다. X축에는 시간이나 순서, Y축에는 수치가 위치하며, 점을 선으로 연결하여 변화를 나타낸다. 추세를 파악하는 데 유용하다.

④히스토그램(Histogram): 수치 데이터의 분포를 시각화하는 데 사용한다. X축에는 수치의 구간, Y축에는 구간에 해당하는 데이터 개수를 나타낸다. 데이터 분포 파악에 유용하다.

⑤산점도(Scatter plot): 두 개의 변수 간의 관계를 시각화하는

데 사용한다. X축과 Y축에 각각 변수를 배치하여 점으로 나타내며, 점의 위치는 두 변수 간의 관계를 나타낸다. 상관관계를 파악하는 데 유용하다.

⑥트리맵(Treemap): 계층적인 데이터를 시각화하는 데 사용한다. 전체 크기를 기준으로 각 부분의 상대적인 크기를 나타내며, 부분은 사각형 모양으로 구성된다. 계층적인 구조와 상대적인 크기를 파악하는 데 유용하다.

파워BI로 데이터 요약 시각화해보기

이제 파워BI를 활용한 데이터 시각화를 해보자.

파워BI를 실행한 다음 로그인을 하고 기존에 준비된 데이터(여기서는 consumer survey data)를 가져온다. 분석을 위한 데이터 파일은 습관적으로 파워 쿼리 편집기를 통해 살펴보면 좋다. 그리고 전처리도 반드시 필요하다.

예제 데이터는 가전 유통 매장 이용 경험이 있는 고객을 대상으로 만족도와 이용 행태에 대한 서베이 조사 데이터이다.[5] 응답자(표본 수)는 1,500명이다. 이 조사를 통해

---

5   예제 데이터(consumer survey(data).xlsx)는 다음의 링크를 통해 다운로드할 수 있다. https://bit.ly/43uoVjm

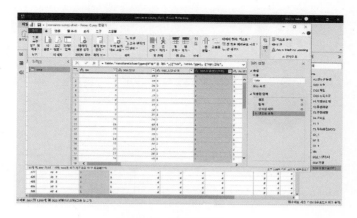

파워BI로 데이터 가져오기 및 전처리

가전 유통 매장 이용자들의 특성을 파악하고자 한다. 동
일한 방법으로 막대차트, 선그래프, 히스토그램, 산점도,
트리맵 등을 작성할 수 있다.

- 파워BI: 파일〉데이터 가져오기〉Excel 통합 문서〉파일 선택
- 파워BI: 홈〉데이터 변환〉데이터 변환〉연령대, 성별, 방문
  유통점 변수의 데이터 형식을 정수에서 텍스트로 변환
- 파워BI: 시각화 개체 빌드에서 원형 차트 선택〉필드의 연
  령대 변수를 시각화의 값과 자세히 항목에 가져놓기

위의 차트들은 파워BI로 데이터를 요약한 시각화 결과

파워BI로 차트 작성하기

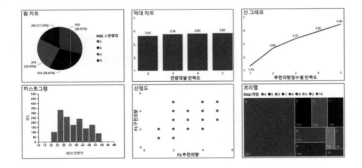

파워BI에서 작성한 시각화 차트들

물이다. 원차트는 연령대 변수에 대한 응답분포로 20대와 30대 응답자가 각각 1,500명 중 433명으로 28.87%를 차지한다. 응답자의 반은 20대와 30대이다. 막대차트는 연령대별 만족도로 50대 만족도가 가장 높다(3.83점). 대체로 연령대가 높아질수록 만족도도 높다. 선그래프는 추천의향점수별 만족도로 추천의향점수가 높아질수록 만족도 역시 올라가는 것으로 나타났다. 히스토그램은 연령 변수로 20세부터 59세까지를 5년 구간으로 나누어 표현했다. 25-30세 연령에 가장 많은 응답자가 분포하고 있다. 그리고 오른쪽으로 꼬리가 긴 형태를 띄고 있다. 산점도는 추천의향과 구전의향 변수의 상관관계를 나타낸다. 정(+)의 상관이 있는 것으로 나타난다. 마지막 트리맵은 직업을 묻는 질문에 응답수 크기를 시각화 한 것으로 전체 응답자 중 769명이 응답한 사무/기술직(4)의 면적이 가장 넓다.

파워BI는 대시보드 기능이 있다. 위의 시각화 도표에서 직업 변수의 사무/기술직 응답자(769명)를 클릭하면 다음의 그림과 같이 전체 응답자가 아닌 사무/기술직 응답자만을 대상으로 한 차트를 보여준다. 이렇게 보면 사무/기술직 집단만의 특성으로 볼 때 막대차트에서 50대의 만족도가 3.91점으로 바뀐 것을 볼 수 있다. 이처럼 분석자의 의도에 따라 자유롭게 조건을 바꾸면서 실시간으로 분석이 가능하다.

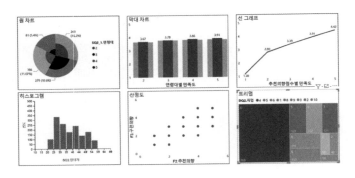

시각화 대시보드(파워BI, 사무/기술직 직업인 사람만 분석)

데이터 형태와 목적에 따라 적합한 차트를 선택해야 한다. 범주형 데이터를 시각화할 때는 막대차트가 적합하고, 수치 데이터의 추세를 파악할 때는 선그래프가 적합하다. 데이터의 특성을 고려하여 적절하게 차트의 유형을 선택해야 한다.

데이터 시각화 작성 원칙

데이터 시각화를 효과적으로 하는 데 있어서 몇 가지 원칙이 있다. 이 원칙들은 데이터를 이해하는 데 도움을 줄 뿐만 아니라, 정보를 잘 전달하는 데에도 도움을 준다.

첫째, 시각화의 목적에 따라 적합한 차트나 그래프를 선택한다. 예를 들어, 수치를 비교하고자 한다면 막대차트나 선그래프가 적합하고, 분포를 보여주기 위해서는 히스토그램이나 박스 플롯이 적당하다.

둘째, 간결하게 작성한다. 시각화는 가능한 간결하고 명확한 것이 좋다. 가치가 없는 과도한 정보, 선, 색상 및 텍스트는 제거한다. 불필요한 정보가 많을수록 해당 콘텐츠를 이해하고 전달하는 게 어려워진다.

셋째, 축 및 축 범위 설정에 유의한다. 시간을 축으로 사용할 때는 가로축(X)에 설정한다. 시간은 왼쪽에서 오른쪽으로 흐르게 한다. 그리고 값이 없더라도 건너뛰지 않는다. 특히 축의 범위는 데이터를 왜곡할 수 있다. 그래서 범위 설정을 적절하게 해야 한다. 범위를 작게 설정하면 데이터의 차이가 더 크게 보일 수 있고, 반대로 크게 설정하면 차이가 작아 보인다.

넷째, 색상 선택 및 활용에 유의한다. 시각화에서 색상은 매우 중요하다. 색상은 데이터를 구분하고, 주목할 요소를 강조하는 데 사용한다. 그리고 한 차트에 여섯 개 이상의 색상을 사용하지 않도록 한다. 주로 검정색, 흰색, 빨간색, 녹색, 파란색 및 노란색을 사용한다.

다섯째, 일관성이 필요하다. 같은 차트에서는 같은 색상, 같은 축 범위 등을 일관성 있게 사용한다. 비례 값으로 차트의 숫자는 제시된 숫자 수량에 정비례한다. 그리고 막대형 차트의 경우 더 쉽게 비교할 수 있도록 사전 순이 아닌 값을 기준으로 오름차순 또는 내림차순으로 정렬한다. 예를 들어 OECD 국가의 경제성장률을 보여준다고 할 때 사전 순은 국가명의 가나다순이지만, 값의 기준은 경제성장률이 높은 국가 순이다.

여섯째, 적절한 제목과 레이블, 범례를 넣는다. 제목과 레이블은 데이터를 이해하는 데 매우 중요하다. 제목은 차트의 목적을 요약하고, 레이블은 축과 데이터를 설명한다. 범례는 데이터 범주가 여러 개일 때 필요하다. 하나만 있을 때에는 범례가 필요 없다. 차트 제목은 사실적이고 중립적으로 쓴다. 그리고 데이터 측정 대상과 시기, 방식 등을 표기한다. 설명적인 단어는 사용하지 않는다.

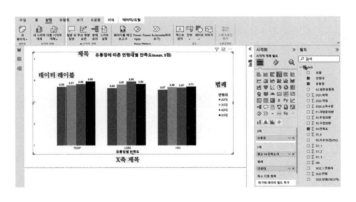

차트 제목, 레이블, 범례

차트가 거짓말을 한다?

차트가 거짓말을 할까? 그럴지도 모른다. 차트 자체는 데이터를 시각화 한 것이기 때문에 거짓이 없지만, 분석자는 거짓말을 할 수 있다. 의도적으로 하기도 하고 의도는 없지만 자신도 모르게 거짓말하는 차트를 만들 때도 있다. 어떤 경우에서든 거짓말이 들어간 차트는 만들면 안 된다.

거짓말하는 차트는 언제 만들어지는 걸까? 비주얼 저널리즘 분야의 세계적 권위자인 알베르토 카이로 교수는 "디자인이 잘못되었을 때, 잘못된 데이터를 사용할 때, 표시된 데이터의 양이 너무 많거나 적을 때, 불확실성을 숨기거나 헷갈리게 할 때, 잘못된 패턴을 제시할 때, 사람들의 기대나 편견에 영합할 때" 차트가 거짓말을 한다고 했다.[6]

월별 매출액을 기준으로 막대그래프를 작성한다고 해보자. 분석자는 월별 매출액이 거의 차이가 없다는 것을 발견하고 시각적으로 잘 보이게 하기 위해(?) 막대 차트 (A)의 Y축을 0원이 아니라 1,000억 원에서 시작하도록 했다. 이렇게 하면 1월의 1,050억원과 2월의 1,100억원은 마치 큰 차이가 있는 것처럼 보인다. 의사결정자가 볼 때 매

---

[6]   알베르토 카이로(2020), 〈숫자는 거짓말을 한다〉, 박슬라 역, 웅진지식하우스.

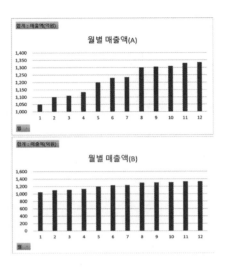

월별 매출액 차트 비교

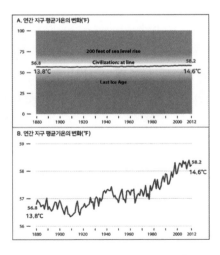

연간 지구 평균기온의 변화 그래프 비교[7]

출이 크게 증가한 것으로 오인할 수 있다.

하지만 절대액으로 보면 월별 차이는 크지 않다(B). 차트 (A)만 보면 마치 영업 활동이 엄청 잘 되어 매출이 크게 상승한 것으로 보이지만 실제로는 그렇지 않다. 의사결정자의 눈을 가리는 차트를 만든 분석자 개인의 의견일 뿐이다. 그래서 이런 차트(A)는 만들면 안 된다. 특히 엑셀이 알아서 만드는 차트 역시도 분석가의 의도와 다를 수 있기 때문에 Y축의 출발점을 잘 살펴야 한다. 하지만 그렇다고 해서 모든 그래프를 0에서 시작해야 하는 것은 아니다. 경우에 따라서는 중간에 물결 표시를 하여 단위가 바뀌었음을 나타낼 수도 있다. 그러면 오해의 소지가 제거된다.

지구의 평균 기온을 그래프로 나타내 보자. 0에서 시작하면 오히려 지구 온난화의 심각성을 나타내지 못하는 잘못을 범할 수 있다(그림A). 섭씨 척도의 최하점이 0이 아닐 뿐만 아니라 지난 120년간 섭씨로는 $0.8°C$ 상승한 결과가 현재 우리가 직면한 온난화 문제다. 그래서 지구 온난화의 문제를 부각시키려면 평균 기온의 변화가 심각하게 높아지고 있음이 보이는 차트(그림B)가 더 좋다.

『숫자는 거짓말을 한다』의 저자 카이로 교수는 거짓말

---

7   알베르토 카이로(2020), 『숫자는 거짓말을 한다』, 박슬라 역, 웅진지식하우스, 에서 일부 편집.

하는 차트에 속지 않으려면 다음과 같은 요소를 주의 깊게 살펴야 한다고 말했다. 가장 먼저 제목, 설명, 출처를 읽는다. 그 다음으로 측정 대상, 단위, 척도, 범례 등을 확인한다. 그리고 시각적 부호화(원의 크기 등)의 의미를 파악한다. 주석이 있다면 마찬가지로 놓치지 않고 꼭 읽어야 한다. 주석에는 핵심이나 요점을 강조하기 위한 짧은 설명이 기록되어 있을 가능성이 높다. 마지막으로 폭넓은 시야로 패턴과 동향 그리고 변수의 관계를 파악한다. 이런 방식으로 차트를 읽는 습관을 들인다면 거짓말하는 차트에 속지 않는다.

데이터 시각화는 정보를 쉽게 이해할 수 있도록 데이터를 차트나 그래프로 표현하는 방법이다. 시각화를 잘 활용하면 보다 쉽게 통찰을 이끌 수 있다. 현명한 의사결정자라면 자신의 문제를 시각화로 통찰하고 새로운 가치를 찾아내는 데 익숙하다. 그리고 거짓말하는 차트에는 속지 않으며, 또 누군가를 속이지도 않는다.

14 여전히 중요한 조사 분석의 원칙

다양한 목적에 맞춰 데이터 분석 방법을 간단하게나마 배워보았다(여러 개의 "분석해보기" 글을 통해). 데이터 분석을 위해서는 재료에 해당하는 데이터가 있어야 한다. 데이터를 수집하는 방법으로 조사^{survey}가 있다. 빅데이터 시대라고 하지만 여전히 조사가 행해지고 빅테크 기업들도 조사 방법을 활용한다.

조사의 본질은 조사를 통해 얻은 데이터를 분석하여 통찰^{insight}을 하는 것에 있다. 통찰은 데이터 뒤의 숨은 본질을 꿰뚫어 보는 것이다. 간혹 정책이나 중요한 결정을 하는 데 있어서, 조사 결과 그대로를 따르겠다고 하는 경우가 있는데 이는 조사의 본질을 잘못 이해해서 그렇다. 조사는 국민투표나 선거가 아니다. 조사 결과는 어떤 문제에 대한 의사결정을 위한 기초 자료일 뿐이다. 여러 번 반복하는 말이지만, 조사 결과를 맹목적으로 믿어서는 안 된다.

앞서, 4대강 보 해체 같은 중요한 정책 결정을 설문조사로 의사결정 하려는 시도가 있었다고 했다. 여러 의견을 수렴하자는 취지는 좋았으나, 데이터 리터러시가 부족한 탓에 정확한 조사와 의사결정으로 이어지진 못했다. 그리고 민간 기업의 신제품 개발 과정과 시제품 관능(맛) 테스트에 따른 의사결정 과정도 살펴보았다. 조건과 상황에 따라 평균값은 다르기 마련인데, 전년도에 실시한 테스트의 평균값을 신제품 출시 여부의 기준값으로 정한 것은 의사결정자의 책임 회피로밖에 볼 수 없다.

조사를 너무 쉽게 생각하면 안 된다. 조사방법론에 대한 이해가 어느 정도 있어야 하고 조사설계, 조사방법, 통계 분석기법, 통계치 등의 기초 지식도 필요하다. 의사결정자와 실무자는 조사의 목적과 데이터 수집 그리고 분석 방법이 서로 어떻게 연관되어 있는지 명확하게 인식하고 설계해야 한다. 그리고 가능하다면 전문 조사 설계자를 쓰는 게 좋다. 하지만 그렇지 못할 때는 오류의 가능성을 충분히 생각하고 조사 결과를 검토해야 한다. 이는 빅데이터이든 스몰데이터이든 동일하다.

조사와 분석의 변하지 않는 원칙 몇 가지를 정리했다.

현업 실무자의 셀프 데이터 분석을 최종적으로 정리한다
는 관점에서 확인하면 좋겠다.

조사 분석의 원칙

첫째, 조사는 표본을 통해 모집단을 추정하는 것이므로 대
표성을 갖고 있어야 한다. 대표한다는 것은 모집단의 특성
을 대변할 수 있어야 한다는 것을 뜻한다. 앞서 여러 번 사
례로 든 4대강 보 해체 여부를 묻는 조사의 진짜 목적은 보
해체로 인한 경제성과 환경적 영향 등 전문적인 의견을 수
렴하는 것이다. 이런 목적이라면 당연히 전문적인 의견을
낼 수 있는 사람과 이해관계자를 대상으로 표본을 추출하
는 것이 맞다. 하지만 유리한 여론의 근거를 만들고 싶었던
나머지 전 국민을 대상으로 표본을 추출한 것은 아닌지 의
심이 된다. 이미 조사 설계 과정에서 편견bias이 들어간 것으
로밖에 볼 수 없다.

　기업은 제품이나 서비스에 대한 조사를 많이 한다. 가장
일반적인 방법이 표본 조사이다. 신제품에 대한 콘셉트
조사를 한다면 표본 대상자는 신제품의 잠재 고객이 되어
야 한다. 모집단을 가장 잘 대표할 수 있는 표본을 추출해
야 표본의 통계치를 일반화할 수 있다.

둘째, 측정과 척도는 정확하게 사용해야 한다. 정밀한 데이터보다는 정확한 데이터가 더 좋은 데이터다. 어떤 척도를 사용해서 질문하는가에 따라 분석 기법도 달라진다. 예를 들어, 변수와 변수의 상관관계를 알고 싶다면 연속형(등간이나 비율) 척도로 측정되어야 한다. 반면, 집단과 집단 사이의 차이를 비교하고 싶다면 집단은 범주형(명목) 척도가 되어야 하고, 알고 싶은 차이는 연속형(등간이나 비율) 척도가 되어야 한다. 이 모두 정확한 데이터를 모으는 데 있어서 필수적인 사항이다.

척도에 대해서 간단하게 정리해보면, 척도에는 네 가지 종류가 있다. 범주형인 명목척도와 서열척도, 연속형인 등간척도와 비율척도가 있다. 명목척도는 분류가 목적이다. 성별을 1은 남성, 2는 여성으로 정하거나 운동 선수의 등번호, 건물의 호실 등이 대표적인 명목척도다. 분류가 되면서 순서가 있는 경우를 서열척도라고 한다. 달리기를 했는데 들어온 순서에 따라 1등, 2등으로 구분하거나 인기투표, 선호도 등이 대표적인 서열척도다. 등간척도는 분류도 되고 순서도 있는데 절대 0점이 없는 경우다. 온도계가 여기에 속한다. 대체로 5점 혹은 7점 등간척도를 많이 사용한다. 대표적으로 '전혀 동의하지 않는다'에서 '매우 동의한다'로 부정에서 긍정으로 가면서 동의 여부를 측정하는 리커트 척도도 있다. 또 '전통적인'의 반대로 '현대적

데이터 마인드 기르는 습관

인', '개성적인'의 반대로 '비개성적인' 등과 같이 양쪽 방향으로 나누어 단어의 차이를 등간격으로 측정하는 의의차이척도도 있다. 비율척도는 분류, 순서, 등간격이 있으면서 절대 0점이 있는 경우를 말한다. 체중을 측정할 수 있는 저울이나 키를 측정할 수 있는 줄자, 기업의 성과를 파악할 수 있는 매출액, 만 나이를 측정한 연령 등이 대표적인 비율척도다.

범주형 척도인 명목척도와 서열척도는 계산을 할 수 없다. 반면에 연속형 척도인 등간척도와 비율척도는 계산을 할 수 있다. 범주형은 질적 자료이고 연속형은 양적 자료이기 때문이다. 모두 수치로 되어 있지만 그 수치의 본질적인 의미를 구분할 수 있어야 잘못된 조사가 되지 않는다.

집단간 차이를 알고 싶다면 집단 변수는 범주여야 하고 차이 변수는 값이어야 한다. 직급에 따른 만족도 차이를 알고 싶다면 직급은 범주형(명목) 척도로, 만족도는 연속형(등간) 척도로 측정해야 분산분석을 할 수 있다. 광고나 만족도가 매출액에 영향을 미쳤는지 알고 싶다면 회귀분석을 사용한다. 독립변수인 광고와 만족도, 종속변수인 매출액 모두 연속형 척도의 데이터여야 한다. 광고비와 매출액은 금액으로 비율척도, 만족도는 지수로 등간척도로 측정해야 회귀분석을 할 수 있다. 이처럼 목적과 방법에 맞는 데이터가 있어야 분석을 정확하게 할 수 있고 목적하는 결과를 얻을 수 있다.

셋째, 유도 질문을 해서는 안 된다. 기본 중의 기본인 이 원칙이 지켜지지 않으면 조사 결과의 통계치는 거짓이 없을지는 모르나 실제 내용은 사실과 다른 결과가 나온다. 동의에 응답할 수밖에 없는 설명을 덧붙이는 구조의 질문이 유도 질문이다. 이런 경우, 조사 자체가 왜곡이기 때문에 신뢰성과 타당성은 논할 가치조차 없다. 데이터는 거짓말을 하지 못하지만, 사람은 얼마든지 거짓말을 할 수 있다는 점을 항상 유념해야 한다. 조사자와 의뢰자의 윤리 문제를 가볍게 생각해서는 안 된다. 여론 조사나 사회 조사에는 이해관계라는 게 존재하기 때문에 특히 더 조사 윤리를 잘 지켜야 한다. 어떤 이익을 보기 위한 의뢰자의 요구를 조사자는 거절할 수 있어야 한다.

넷째, 통계 분석의 결과 해석에는 언제나 주의가 필요하다. 예를 들어, 성별에 따라 만족도(5점 만점일 때)의 평균차이가 0.1점이라고 한다면 이는 차이가 있는 걸까 없는 걸까? 절대값으로 보면 차이가 있다. 그러나 동일한 내용으로 다른 표본을 통해 조사했을 때와 마찬가지로 유사한 차이가 있는지 알 수 있는 통계적 검정을 해야 차이 여부를 확인할 수 있다. 그렇지 않으면 통계적으로 아무런 차이가 없는 것을 두고 마치 차이가 있는 것으로 오해할 수 있다.

평균이 가지고 있는 함정도 고려해야 한다. 평균은 가장 많이 사용하고 있는 통계치의 하나다. 다만 평균이 가지고 있는 특성을 고려한다면 문제가 없지만 이를 무시하다 보면 나도 모르게 함정에 빠질 수 있다. 대럴 허프는 "평균값이라 하더라도 그것이 어떤 종류의 평균값인지 즉, 산술평균이지 중앙값인지 아니면 최빈값인지 이중 어느 것인지 정확하게 알기 전에는 어떤 평균도 아무런 의미가 없다"라고 했다.[1]

다섯째, 조사 결과는 가능하면 시각적으로 표현해야 한다. 시각화하면 조사 결과를 보는 사람이 더 쉽게 내용을 이해할 수 있다. 이때 주의할 점은 역시 왜곡이다. 누군가의 의도가 들어가는 순간 진실은 사라지고 거짓말이 된다. 통계치는 같을지 몰라도 시각화된 결과물은 의도가 들어간 거짓 결과물이 된다. 막대그래프에서 Y축의 시작값을 다르게 하면 실제 차이가 크지 않음에도 불구하고 큰 차이가 나는 것처럼 보이게 할 수 있다. 누군가의 의도로 현명한 의사결정을 방해하는 것이다.

우리가 수집하는 모든 데이터는 그냥 숫자와 문자일 뿐이다. 감정이 없는 데이터에 의도가 들어가면 왜곡이 된

---

1   대럴 허프(2022), 〈새빨간 거짓말, 통계〉, 박영훈 역, 청년정신.

다. 원시 데이터를 다듬어 의미 있는 통찰로 바꾸고 새로운 가치를 만드는 일에 어떠한 왜곡도 있어서는 안 된다. 내가 틀리지 않게 조사하고 분석하는 것도 중요하지만, 타인의 데이터 수집 과정이나 분석 과정에서의 잘못된 점을 발견하고 이를 문제로 지적할 수 있는 능력 또한 필요하다.

3부

데이터 기반의 의사결정
(마케팅 사례 중심으로)

15 트렌드 분석에 의한 상품 기획

디지털 트랜스포메이션(전환)은 거부할 수 없는 거대한 흐름이다. 비즈니스와 디지털 기술의 융합은 점점 더 확대 가속화되고 있다. 그리고 그 한가운데에 데이터가 있다. 과거에도 시장의 변화를 읽기 위해 데이터를 활용했지만, 주로 관찰하거나 설문조사를 이용했다. 이 방법은 지금도 그리고 앞으로도 계속 유용할 것이다.

최근에는 빅데이터가 일반화되면서 검색 키워드에 대한 관심이 높다. 구글의 데이터 과학자인 세스 스티븐스 다비도위츠는 그의 책 『모두 거짓말을 한다』에서 "사람들은 자주 거짓말을 한다. 다른 사람에게는 물론이고 자신에게도 한다"라고 했다. 그리고 "모든 것이 데이터다. 이 모든 새로운 데이터가 사람들의 거짓말을 꿰뚫어 볼 수 있다"라고 했다.' 그는 사람들이 검색창 앞에서 가장 진실하게 자신의 생각과 의견을 낸다고 했다. 설문조사에서는 내 생각과 다른 답변을 의도적으로 할 수 있지만, 검색창 앞에서는 거짓말을 하지 않는다는 것이다.

아시다시피, 검색의 목적은 알고 싶은 내용이 있어서다. 임산부가 '유아 용품'을 검색한다면 출산이 임박해서 필요한 제품을 알아보기 위해서이지, 임산부인 척하기 위해서가 아니다. 이처럼 거짓말을 하지 않는 진실한 데이터가 쌓이는 곳이 디지털 세상이다. 그래서 디지털 데이터를 제대로 분석하게 되면 누구나 시장의 변화와 트렌드를 진실 그대로 분석할 수 있다.

롯데웰푸드의 트렌드 예측 사례

요즘 식품 마케터의 최대 고민은 식품 트렌드 주기가 점점 짧아진다는 점이다. 두 해에 걸쳐 나온 신제품이 3,000개 정도인데 성공한 제품은 1% 남짓이다. 일반적으로 알려진 신제품 성공률 5%보다도 낮다. 그리고 이렇게 탄생한 히트 상품조차도 6개월을 채 넘기지 못할 정도로 변화가 빠르

---

1 세스 스티븐스 다비도위츠(2018), 〈모두 거짓말을 한다 : 구글 트렌드로 밝혀낸 충격적인 인간의 욕망〉, 이영래 역, 더퀘스트.

다. 그래서 신제품 개발 부서에서는 고객의 취향을 파악하고 계속해서 아이디어를 내놓고 개발 시도를 하는 것이 중요하다.

롯데웰푸드(구.롯데제과)는 인공지능 콘텐츠 분석 플랫폼인 'IBM 왓슨 익스플로러'를 기반으로 트렌드 예측 시스템인 '엘시아^{LCIA}'를 현업에 도입했다. 엘시아는 수천만 건의 소셜 데이터와 POS 판매 데이터, 날씨, 연령, 지역별 소비 패턴 및 각종 내외부 자료를 종합적으로 판단해 식품 트렌드를 예측한다.[2] 이상적인 조합의 신제품을 추천해주며, 추천한 제품의 8주간의 예상 수요량도 알려 준다. 그리고 신제품 출시 이후에는 소비자 반응도 실시간으로 파악한다. 데이터와 사례가 많을수록 자체 학습 능력이 높아지기 때문에 사용하면 할수록 정확도도 올라간다.

롯데웰푸드는 이를 바탕으로 신제품을 기획하고 성공한 사례를 갖고 있다.[3] '앙금+버터'가 인기를 끌고 있는 것을 확인하고, 빠다코코낫과 '앙빠'를 결합하는(빠다코코낫 사이에 팥 앙금과 버터를 넣어 샌드위치처럼 만드는) 콘텐츠(아이디어)를 개발했다. 그 결과, 빠다코코낫의 월 매출이 전년 같은 기간 대비 30% 이상 증가하는 성과가 나왔다. 또한

---

2   식품음료신문, "롯데 AI 시스템 '엘시아' 주도하는 박동조 팀장", 2018.09.03.

3   한국IBM공식블로그, "롯데제과 핵인싸 과자? '엘시아'가 만들었다".

'맥주+과자' 트렌드를 확인하고 꼬깔콘 버팔로윙맛 신제품을 출시했는데, 맥주 스낵 안주로 꼬깔콘의 영향력 순위가 11위에서 3위까지 상승했다. 출시 2개월만에 100만봉이 판매되었다.[4]

기존의 시장 분석은 개인의 주관이 개입된 단편적인 정보를 바탕으로 이루어졌다면, 엘시아 시스템은 다양한 종류의 빅데이터를 갖고서 예측 결과를 내놓는 서비스를 제공한다. 롯데웰푸드는 엘시아를 통해 경쟁사보다 빠르게 트렌드에 대응할 수 있게 되었으며, 제품 개발이나 마케팅 전략 수립에도 이를 활용한다.

삼성카드의 트렌드 분석 사례

삼성카드는 빅데이터 기반 소비 트렌드를 분석하여 새로운 컨셉의 카드를 출시했다. 젊은 층일수록 취향에 돈을 쓰는 것을 아까워하지 않는다는 트렌드를 파악하고 이런 고객을 타겟팅한 '아이디iD 카드'를 내놓았다. 이 카드는 고객의 소비 패턴에 따라 각기 다른 할인 혜택을 제공한다.[5]

---

[4] 매일경제, "인공지능이 만든 '꼬깔콘 버팔로윙맛', 두 달만에 100만개 팔려", 2018.09.06.

[5] 전자신문, "빅데이터로 매월 다른 혜택 준다…삼성카드, 야심작 '삼성 iD

온라인 생활을 주로 하는 고객에게는 커피 전문점, 배달 앱, 델리(조제 식품점) 중 가장 소비가 많은 곳에 할인 혜택을 제공하고 오프라인을 선호하는 고객에게는 백화점, 할인점, 슈퍼마켓 중 한 곳으로 할인 혜택을 준다. 그리고 고객의 소비 패턴을 분석해 원래 없던 혜택을 고객에게 맞춤해서 제공하기도 한다. 기존 카드는 제공하는 혜택이 대체로 고정되어 있는 반면, 새로 출시되는 아이디 카드는 고객의 소비 행동을 능동적으로 분석해 추가적인 혜택을 제공한다. 이런 서비스가 가능했던 것은 빅데이터 알고리즘으로 트렌드 분석을 할 수 있었기 때문이다.

중소기업이나 개인의 트렌드 분석 방법

대기업이라면 '엘시아'같은 서비스를 구축하고 내부에서 트렌드 읽기에 활용할 수 있겠지만 그렇지 못한 기업이나 개인들은 트렌드 분석을 어떻게 할 수 있을까? 이에 대해서는 앞에서도 몇 번 언급한 적 있는 구글 트렌드, 빅카인즈, 썸트렌드 등을 이용하는 방법이 있다.

구글 트렌드를 이용하는 방법에 대해서는 이미 한 번

카드' 출사표", 2021.11.03.

설명한 바 있다. 전세계 기준으로 그리고 관심 국가 기준으로 검색어를 입력해서 시간 흐름에 따른 관심도 변화를 그래프로 확인할 수 있으며 검색어끼리의 비교도 가능하다. 언론기사를 대상으로 빅데이터 분석을 하고자 한다면 빅카인즈에서 트렌드 분석과 연관어 분석을 할 수도 있다. 또한 형태소 분석 메뉴를 통해 내가 가지고 있는 텍스트 데이터를 복사해 넣은 다음 직접 형태소 분석을 할 수 있고 분석 결과를 검토하여 상품 기획이나 마케팅 프로모션에 활용도 가능하다. 바이브컴퍼니에서 제공하는 썸트렌드는 인스타그램, 트위터, 블로그, 뉴스 등 소셜미디어의 텍스트 데이터를 활용해 언급량, 연관어, 긍·부정 분석을 할 수 있다.

구글 트렌드, 썸트렌드 그리고 빅카인즈는 그 자체로 빅데이터 분석 플랫폼이다. 각 서비스에 따른 차이점이 있기 때문에 이 세 곳에 대해서 만큼은 따로따로 분석을 하고, 그중 의미 있는 결과를 의사결정에 활용하면 된다.

업종을 막론하고 마케터나 기획자라면 데이터 분석을 통해서 뭔가 새로운 사업 기획을 하고자 할 것이다. 마케팅 프로모션이든 신상품 기획이든 새로운 가치를 만들기 위해서는 트렌드 파악을 가장 먼저 해야 한다. 경우에 따라서는 전문 기관에서 제공하는 유료 데이터를 활용할 수도 있고, 누군가 이미 분석해 놓은 결과를 활용할 수도 있다.

　우리 회사에 맞는, 우리 사업에 맞는 트렌드를 파악하기 위해서는 우리 비즈니스에 특화된 트렌드를 파악해야 한다. 만약 내가 데이터 분석 능력을 갖추고 있다면 직접 분석을 통해 통찰을 얻는 것이 가장 좋다. 그리고 다시 한번 강조하지만, 데이터 분석 혹은 트렌드 분석이 중요한 것이 아니라 결과를 바탕으로 새로운 가치가 창출되어야 의미가 있다는 사실을 잊어서는 안 된다.

16 A/B 테스트를 활용한 마케팅 의사결정

어떤 변수와 변수 사이의 관계를 파악하는 방법으로 인과관계와 상관관계가 있다. 흔히 혼동하는 용어인데 명확하게 구분하여 사용할 필요가 있다(이 두 가지 용어에 대해서는 5장에서도 설명한 바 있다).

상관관계는 두 변수 간에 어떤 연관성이 있는 경우다. 인과관계는 두 변수 간에 원인과 결과의 관계가 있는 경우를 말한다. 원인 변수가 결과 변수에 영향을 미친다는 것을 알면, 원인 변수를 조정하여 결과 변수에 영향을 줄 수 있으며, 결과적으로 결과 변수를 예측할 수도 있다.

인과관계에서는 원인 변수가 항상 결과 변수에 선행한다(영향을 미친다). 인과관계를 검증하는 대표적인 방법 중 하나가 설문조사다. 하지만 설문조사는 실험 대상자를 통제하기 어렵고 무작위 확률표본추출에도 한계가 있다. 즉, 대량의 표본을 구하는 시간과 비용 등을 고려할 때 현실적으로 진행하기가 어렵다.

최근에는 이런 문제를 해결하고자 온라인 기반으로 설문을 진행하는 방법을 이용하기도 한다. 디지털 시대가 되면서부터는 소비자들이 항상 온라인에 연결되어 있기 때문에 좀 더 쉽고 효율적인 실험이 가능하다. 예를 들어, 우리 회사 웹사이트를 방문하는 사람들에게 A안과 B안을 번갈아 가며 보여주는 자연 실험을 할 수 있다. 통상 A와 B 집단을 비교한다는 의미에서 A/B 테스트로 많이 알려져 있다. 민간기업뿐만 아니라 공공부문에서도 현명한 의사결정을 위해 매우 다양하게 사용되고 있다(A/B 테스트에 대해서는 12장에서 설명한 바 있다).

구글, 아마존, 메타(페이스북), 애플, 마이크로소프트 등은 빅테크 기업들로 사업 과정에서 자연스럽게 데이터 수집을 하고 활용한다. 하버드비즈니스리뷰에 의하면 이들은 매년 1만 건이 넘는 A/B 테스트를 시행한다.[1] 이 중에는 수백만 명의 사용자들이 참여하는 실험도 많다. 그리고 월마트, 싱가포르항공처럼 디지털 뿌리가 약한 전통 기업들도

---

[1]   론 코하비, 스테판 톰키(2017), "The Surprising Power of Online Experiments : Getting the most out of A/B and other controlled tests", Harvard Business Review, September – October, pp.74 – 82.

작은 규모로라도 정기적인 A/B 테스트를 하고 있다.

A/B 테스트는 실험을 통해 현명한 의사결정을 하고자 하는 방식이다. 따라서 의사결정을 필요로 하는 문제가 있어야 한다. 이를 바탕으로 A/B 테스트를 위한 실험 설계에 들어간다. 일반적으로는 기존 안(A안)은 A집단(대조군)에, 실험하고 싶은 안(B안)은 B집단(실험군)에 노출하여 전환율을 계산한다. 그리고 전환율이 통계적으로 유의미한 차이를 갖는지를 검정한다. 통계적 차이가 유의미한지 아닌지는 유의확률, p-값으로 추론한다.

A/B 테스트 사례

먼저 A/B 테스트의 유용성을 널리 알린 오바마 선거 캠프 사례가 있다. 오바마 전 미국 대통령 선거캠프는 2008년 초선과 2012년 재선 선거 캠페인에서 빅데이터 기법들을 적극 활용했다.

오바마 대선 캠페인 홈페이지의 첫 화면의 오른쪽 하단에는 뉴스레터 신청을 위한 빨간색 버튼이 있었다. 이 버튼의 문구를 달리하면 뉴스레터 구독률이 달라질까? 이 가설을 검증하기 위해 선거 캠프는 A/B 테스트를 했다. 실제로는 A/B/C/D 비교군이 총 4개였다. Sign up, Learn

More, Join Us Now, Sign Up Now. 먼저 각 문구에 대한 호감도를 측정했다. 그리고 홈페이지 메인 사진에 대해서도 A/B 테스트를 했다. 4개의 버튼과 6개의 다른 미디어가 있었기 때문에 총 24개(4 x 6)의 조합을 테스트했다.[2] 홈페이지를 방문하는 모든 사람에게는 이 중 하나가 무작위로 표시되고 그런 다음 방문자의 그다음 액션인 가입 여부를 추적했다. 테스트 결과 뉴스레터의 버튼은 Learn more, 메인 사진은 흑백 가족사진이 가장 호응이 좋았다. 이 실험 결과를 바탕으로 홈페이지와 미디어 채널을 조정했더니 가입률은 40.6%가 증가했고, 기부금도 6천만 달러가 증가했다. 결과적으로 500건의 A/B 테스트를 통해 기부 전환율을 49% 올렸고, 이메일 수집률은 161%나 증가시켰다. UI를 대상으로 한 A/B 테스트만으로도 이런 성과를 거뒀다.

넷플릭스는 랜딩페이지 버튼에 A/B/C/D 테스트를 했다. "30일간 무료로 보세요" "14일간 무료로 보세요" "7일간 무료로 보세요" "지금 사용해 보세요" 이렇게 네 가지 안을 갖고서 테스트를 진행했다(2019년 5월). 결과에 따라 "지금 사용해 보세요"가 채택되었다. 나머지는 무료 이용

2　댄 시로커(2010), "Obama's $60 million dollar experiment", https://bit.ly/3ELMJFU

기간이 지나고 나면 비용을 지불해야 한다는 생각이 들어서 효과가 떨어지는 것으로 해석했다.

구글은 검색 결과 값에 나오는 링크 표시 색상에 대한 A/B 테스트를 했다. 링크 색상으로 기존의 밝은 파란색과 그보다 대비가 낮은 파란색으로 한 달 동안(2019년 6월) 테스트를 했다. 이후 대비가 낮은 새로운 파란색 대신 원래 사용하던 밝은 파란색 그대로를 사용하는 것이 낫다고 결정했다.

아마존은 제품 페이지에서 이미지 썸네일에 대해 실험을 했다. 기존의 왼쪽 정렬 축소판을 사용하는 대신 기본 이미지 아래로 이동하고 크기를 늘렸다. 하지만 실험 결과를 신뢰하지 않기로 했다. 너무 미미한 답이 나와 대조군으로서 의미가 없다고 판단했다(2022년 6월 테스트, 9월 거부).

A/B 테스트를 이용한 문제 해결

A/B 테스트는 비교적 간단한 통계분석 기법이다. 좀 더 현명한 의사결정을 할 수 있도록 원인과 결과를 바로 확인할 수 있다. 어떤 경우에는 실험군(B안)이 통계적으로 의미가 없어서 거부되기도 한다.

A/B 테스트는 실험 설계를 필요로 한다. 먼저, 알고 싶은 혹은 해결하고자 하는 문제가 있어야 한다. 그 문제를 바탕으로 가설을 세우고 실험안을 만들어야 한다. 다만 데이터 분석에 대한 전문성이 높지 않은 사람들은 어려움이 있을 수 있다. 그러나 최근에는 A/B 테스트를 쉽게 할수 있는 플랫폼이 많아졌다.

앞에서 소개한 오바마 선거캠프에서 A/B 테스트를 담당했던 분석가들이 중심이 되어 A/B 테스팅 플랫폼 회사인 옵티마이즐리Optimizely를 창업하기도 했다. 지금은 다양한 곳에서 이런 서비스를 제공하기 때문에 일반 사용자도 쉽게 실험을 할 수 있다.[3] 만약 실험을 통해 수집한 전환율 관련 데이터는 있는데, 통계분석 방법을 모른다면 ABTestGuide 웹사이트에서 전환율 데이터만 입력하면 바로 분석 결과를 알 수 있다.[4]

A/B 테스트의 결과는 통계적으로 의미가 있어야 하므로, 충분한 표본 확보가 중요하다. 원인 변수가 많으면 어떤 원인 변수가 결과 변수에 영향을 미쳤는지 확인이 어렵다. 그래서 다른 요인에 좌우되지 않도록 단순하게 설

---

[3] A/B 테스트를 수행할 수 있는 대표적인 사이트는 Optimizely(https://www.optimizely.com/), AB Tasty(https://www.abtasty.com/), 핵클(https://hackle.io/ko/service) 등이 있다.

[4] ABTestGuide, https://abtestguide.com/calc/

계해야 한다. 버튼의 문구에 대해 A/B 테스트를 한다면, 문구를 제외한 모든 것은 같아야 한다. 그래야 무엇이 결과에 영향을 미쳤는지 정확히 확인할 수 있다.

테스트는 목적이 아니라 수단이다. 테스트를 위한 테스트가 아니라 문제 해결의 목적에 맞는 테스트여야 한다. 테스트가 만능이 아니라는 점을 잊지 말아야 한다. 참고로 애플은 A/B 테스트에 대해 부정적이다. 애플이 지향하는 '통합된 전체'의 느낌을 전달하는 제품을 만들어야 하는데, 자칫 대중의 선호를 따라가다가는 잘못된 선택을 할 수 있다고 본다.

테스트를 하면 무조건 현명한 의사결정이 될 것으로 본다면 오산이다. 원인을 파악하고 해당 원인이 결과에 영향을 미치는 경우라면 A/B 테스트는 좋은 접근 방법이 될 수 있다.

17 고객 세분화에 의한 타겟 마케팅

온라인 비즈니스가 활성화되기 시작하면서 고객 데이터는 기하급수적으로 증가했고, 어느 순간 빅데이터가 되었다. 구매 이력 같은 정형화된 데이터는 물론이고, 웹사이트에서 고객이 남긴 각종 로그 기록과 소셜 미디어의 비정형 데이터도 기하급수적으로 증가했다. 이제는 설문조사를 통해 질문하지 않아도 고객들이 무엇을 하고 있으며 또 무엇을 원하는지 금방 알 수 있는 세상이다.

고객의 구매 정보, 온라인 검색 이력, 소셜 미디어 활동, 위치 정보 등을 분석하면 고객의 관심사, 소비 성향, 구매 패턴 등을 확인할 수 있으며, 이를 바탕으로 고객의 혜택을 높이고 기업의 성과를 높이는 최적화된 마케팅이 가능하다. 즉, 고객 세분화에 의한 타겟 마케팅이 가능하다. 그런데 이러한 세분화된 마케팅이 무조건 좋은 전략이라고 하기는 어렵다. 부작용도 있고 투자 대비 성과가 낮을 때도 있다. 하지만 과학적인 접근법으로 마케팅 성과를 높일 수 있는 것임에는 틀림없다.

고객 세분화 사례

고객은 상품을 구매하는 과정에서 다양한 흔적을 남긴다. 규모가 어느 정도 되는 회사는 이런 흔적을 체계적으로 수집하고 마케팅에 활용하기 위해 고객관계관리$^{CRM,\ Customer\ Relationship\ Management}$ 시스템을 구축한다. 이를 이용하면 고객이 언제, 어떤 상품을 구매했는지, 함께 구매한 상품은 무엇인지, 구매 후 문의 혹은 클레임이 발생했는지 등을 확인할 수 있다. 그리고 어떤 제품이 어느 연령층에 인기가 있는지도 알 수 있다. 그런 다음, 이를 바탕으로 적절한 타이밍에 상향판매$^{up\text{-}selling}$와 교차판매$^{cross\text{-}selling}$등의 기획도 가능하다.

고객 세분화의 방법으로 고객생애가치$^{LTV,\ Lifetime\ Value}$ 분석이 있다. LTV에 따라 고객을 나누고 캠페인, 광고, 프로모션 등을 적합하게 구성하여 타겟 마케팅을 전개한다. 그러면 한정된 예산을 효율적으로 쓸 수 있다. 이 외에도 RFM$^{Recency,\ Frequency,\ Monetary}$이라고 최근, 자주, 금액이 많을수록 우량 고객으로 분류하는 방법을 쓰기도 한다. 그런 다음 개인별 점수화로 구매 예측을 한다. 좀 더 복잡하게는 의사결정나무, 군집화를 위한 K-Means 클러스터링 등의 분석 모델도 있다.

우리은행은 고객행동 정보를 인공지능으로 분석해 맞춤형 상품을 추천하는 서비스를 하고 있다. 기존에 활용하던 고객 인적정보, 거래정보 등 정형 데이터 외에도 상담내역, 입출금내역, 인터넷 및 스마트뱅킹 이용내역 등 모든 채널의 비정형 고객 행동 정보까지 인공지능으로 분석해 개인별 최적화된 맞춤형 상품을 추천하고 있다.[1]

최근에는 초세분화Micro-Segmentation도 가능해졌다. 빅데이터 수집과 분석에 필요한 기술과 비용 부담이 낮아지면서 점점 니즈가 높아지고 있다. 세분화를 극단적으로 하게 되면, 고객 한 명에 대한 하나의 세그먼트는 물론이고, 10분의 1 수준까지도 세그먼트가 가능하다. 아마존의 수석 데이터 과학자였던 안드레아스 와이겐드는 "아마존은 고객을 분류하는 대신 1명의 고객을 '10분의 1명'의 단위로 구분해 각 개인의 변화하는 관심사까지도 반영할 수 있다"라고 말했다.[2] 고객의 아주 조그마한 관심에도 귀 기울

---

[1]   파이낸셜뉴스, "우리은행, 고객행동정보 AI로 분석 금융상품 추천", 2021.01.07.

[2]   안드레아스 와이겐드(2018), 〈포스트 프라이버시 경제〉, 홍지영 역, 사계절.

이는 마이크로 타겟팅이 가능해진 것이다. 아마존은 초세분화로 고객의 관심을 추적하고 물건을 추천한다.

캐나다의 요가복 제작 회사인 룰루레몬의 창업자인 데니스 칩 윌슨은 "모든 사람을 위한 제품이나 서비스는 의미가 없다. 그것은 오히려 어떤 누구를 위해서도 만들지 않는다는 것과 같다"라고 말했다.[3] 그는 '여행과 운동을 좋아하고 콘도 회원권을 가진 패션에 민감한 32세 전문직 여성'이 좋아할 요가복을 만들어보자는 취지로 회사를 설립했다. 이처럼 룰루레몬은 초세분화 된 특정 고객을 집중 공략해 단기간에 급성장했다.

미국의 금융 회사 캐피탈원은 금융 회사 최초로 고객의 물리적인 위치에 따라 적절한 카드 혜택을 추천하는 서비스를 시도했다. 고객이 특정 상점(카페 등) 근처에 있는 것이 확인되면 해당 상점에서 받을 수 있는 신용카드 할인 혜택이나 보유 쿠폰을 메시지로 전송한다. 영화에서나 볼 수 있던 기술이다. 물론 개인의 위치 정보가 사생활을 침해하거나 악용될 수 있다는 우려는 여전히 남아 있다. 하지만 고객의 직접적인 혜택이 높아진다면, 마이크로 타겟팅에 의한 마케팅은 보다 적극적으로 도입될 것이다.[4]

---

3   칩 윌슨(2022), 〈룰루레몬 스토리〉, 김지연 역, 예미.

4   우리금융경영연구소, "글로벌 은행들의 초개인화 뱅킹 사례와 시사점", 2022.04.21.

한편, 신한카드는 인공지능과 빅데이터를 활용하여 고객 소비 패턴을 2만 개로 세분화하여 초개인화 서비스를 하고 있다. 고객의 TPO(시간·장소·상황)를 예측하는 알고리즘을 기반으로 최적의 맞춤 혜택을 제공하는 소비 테마별 AI 추천이다. 서울 종로에 있는 치킨집이라도 자신이 좋아하는 곳과 옆 친구가 좋아하는 곳이 다른 만큼, 한 층 더 정교하게 나에게 맞춤 된 곳을 추천해준다. 내부의 결제 빅데이터와 외부 제휴사를 통해 확보한 데이터까지 결합해 장소 추천을 넘어 소비 성향까지 고려하는 추천이 가능하다.[5]

소셜 빅데이터에 의한 타겟팅 사례

빅데이터 중에서 가장 많은 규모의 데이터가 텍스트 기반의 비정형 데이터다.[6] 대부분 소셜미디어에 있다. 소셜 미디어인 인스타그램, 페이스북, 블로그 등에 소비자들이 언급한 특정 브랜드와 상황, 이슈에 대해 서로 연관성을 찾아

---

[5] 파이낸셜뉴스, "고객 소비패턴 2만개로 세분화" 신한카드 초개인화 서비스 올인", 2020.04.19.
[6] IBM에 따르면, 기업에 저장된 데이터의 80~90%가 비정형 데이터로 구성되고 있다고 한다.

보면 나름의 유형을 파악할 수 있다. 이런 유형을 파악하게 되면 타겟팅 전략으로 활용할 수 있다.

아이스크림 브랜드인 벤 앤 제리스Ben & Jerry's는 소셜 빅데이터에서 새로운 고객 세그먼트를 발견하고, 이들을 타겟팅한 제품을 출시해서 성공을 거뒀다.[7] 아이스크림은 더운 여름에 주로 판매되고 광고 효과도 이때 크다. 그런데 어느 해 뉴욕에 일주일 내내 눈보라가 강타했다. 추운 날씨에는 사람들이 차가운 디저트를 좋아하지 않기 때문에 기업은 광고 예산을 동결하거나 줄이는 게 일반적이다. 그런데 오히려 아이스크림 판매는 증가했다. 원인을 파악하기 위해 소셜에 언급된 게시글을 대상으로 아이스크림 먹는 날의 날씨, 먹으면서 함께 하는 행동 등 다양한 변수를 분석했다. 그랬더니 추위를 피해 실내에서 넷플릭스로 영화나 드라마를 시청할 때 벤 앤 제리스 아이스크림이 함께 언급된다는 것을 발견했다. 벤 앤 제리스는 여기서 힌트를 얻어 넷플릭스를 시청할 때 달콤하거나 짭짤한 스낵을 갈망하는 고객 니즈를 고려해 새로운 맛의 아이스크림인 넷플릭스 앤 칠드Netflix & Chill'd를 출시했다(2020년 2월). "Netflix and chill?"은 우리나라에서 "라면 먹고 갈래?"와

---

7   브랜드워치, "The Complete Social Listening Guide", 2022.06.01. https://bit.
     ly/3FGIls3

비슷한 표현의 은어로 이를 상표화한 것이다.

초세분화까지도 가능한 빅데이터와 인공지능 기술 덕분에 고객은 개인화된 서비스를 받을 수 있게 되었고, 기업은 재구매를 유도할 수 있게 되었다. 다만 아마존 수준의 초세분화 마케팅은 투자 대비 성과를 담보하기에 아직 이른 점이 있다. 방향은 맞지만 실제 적용은 신중할 필요가 있다.

세분화 나아가 초세분화는 빅데이터 시대에 얼마든지 가능하지만 고객 접점의 상황이나 시장의 상황이 오히려 마케팅 효율성을 떨어뜨린다면 굳이 지금 도입할 이유는 없다. 디지털 전환을 모든 기업에서 동시에 도입하지 않듯이 고객 세분화와 타겟 마케팅 역시 모든 기업이 무조건 도입해야 하는 것은 아니다. 그러나 디지털 트렌스포메이션이 비즈니스의 큰 흐름이듯 고객 세분화와 타겟 마케팅은 거스를 수 없는 큰 흐름이다. 미리 준비해서 데이터 기반의 초세분화 시대를 대비해야 한다.

18 알고리즘에 의한 추천과 예측 마케팅

사회행동학자인 배리 슈워츠 교수는 "너무 많은 선택지가 오히려 소비자로 하여금 최종 선택을 주저하게 한다"라고 했다.[1] 우리는 선택지가 많을수록 원하는 것을 고를 수 있다는 통념을 가지고 있다. 그러나 의식적으로 비교하면서 신중하게 선택지를 골라야 하는 활동은 우리 두뇌에 꽤 많은 에너지를 요구한다. 때로는 고통스럽기도 하다. 이런 문제를 해결하는 간단한 방법은 추천을 받는 것이다.

---

[1] 배리 슈워츠(2015), 〈점심메뉴 고르기도 어려운 사람들–선택의 스트레스에서 벗어나는 법〉, 김고명 역, 예담.

검색 알고리즘과 추천/예측 서비스

알고리즘에 의한 머신러닝(인공지능)은 추천을 도와준다. 알고리즘은 어떤 문제를 푸는 일련의 단계를 의미하며 주어진 문제를 논리적으로 해결하기 위한 절차를 뜻한다. 즉, 단계와 절차 그리고 패턴을 컴퓨터 프로그램으로 만들어 놓은 것이 알고리즘이다. 빅데이터는 알고리즘을 만들기 위한 재료에 해당한다. 대량의 데이터를 분석하고 학습한 후 이를 기반으로 어떤 판단이나 예측을 하는 기술이 머신러닝이다.

대부분의 빅테그 기업들은 예측 결과를 추천 시스템으로 만들어 소비자 구매 편의성을 높이고 구매 만족도를 향상시킨다. 이는 궁극적으로는 매출 향상과 고객 가치 창출과 연결된다. 실제로 넷플릭스는 시청한 영화의 75%가 추천으로 이루어지고, 아마존은 매출의 35%가 예측 엔진에 의한 추천 상품에서 나온다.[2]

추천 서비스는 소비자의 검색이라는 행위가 있기 때문에 가능하다. 백화점에서 양복을 고르거나 화장품을 선택할 때면 점원이나 동행한 지인으로부터 추천을 받지만,

---

2   이코노미조선, "SNS 데이터 기반 소액 대출 미국 핀테크 업체 '렌도'", 411호, 2021.09.06.

이커머스에서 쇼핑을 한다면 검색을 해야 한다. 검색으로 물건을 찾고 마우스로 스크롤하면서 상품 상세 정보를 확인하는 것은 무척 귀찮고 번거로운 일이다. 너무 많은 상품이 있어, 정보의 홍수에 빠진것처럼 느껴지기도 한다. 추천은 이럴 때 소비자의 에너지를 줄여주는 굉장히 편리하고 매력적인 방법이다. 취향에 맞는 상품을 추천받았다면, 바로 확인해보고 싶은 마음을 억제하기가 쉽지 않다.

이러한 추천 알고리즘의 작동 방식에는 '협업 필터링'과 '콘텐츠 필터링'이 있다. 협업 필터링은 나와 비슷한 취향의 사람들이 좋아하는 것은 나도 좋아할 가능성이 높다는 가정에서 시작한다. 일종의 집단 지성을 이용하는 것이다. 아마존의 상품 추천과 유사하다. A상품을 보여주고는 이 상품을 구매한 분들이 구매한 다른 상품을 보여주는 방식이다. 콘텐츠 필터링은 내가 좋아하는 것을 기반으로 한다. 예를 들어, 영화를 보고자 할 때 내가 좋아하는 감독, 장르, 키워드를 찾아보는 방식이다. 소비 패턴이 뚜렷할 때 효과적이다. 사용자가 기존에 소비하던 아이템과 유사한 아이템을 소비하는 경우라면 유사도를 기준으로 추천할 수도 있다. 사용자가《미션 임파서블》을 검색했다면 유사한 콘텐츠인《본 아이덴티티》을 추천해주는 식이다.

취향이나 유사성을 기준으로 마케팅하는 방식은 온라인 기반 비즈니스의 일반적인 방법이다. 다만 추천 알고리즘을 개발하기 위해서는 빅데이터가 있어야 하고, 빅데이터 분석과 머신러닝 알고리즘을 개발하는 데이터 과학자가 있어야 한다. 또한 데이터를 마케팅에 활용하려는 데이터 마인드가 전사적으로 형성되어야 한다. 그래야 성공 가능성이 높아진다.

빅데이터를 통해 소비 성향을 분석하고 이를 바탕으로 특정 소비자에게 적합한 상품을 추천하는 시스템은 예측 분석에 해당한다. 알고리즘과 예측 분석에 의한 추천은 결국 예측 마케팅이다. 예측 마케팅은 모든 고객 접점에서 더 의미 있는 고객 경험을 제공하고 고객의 로열티도 높이고 기업의 수익도 향상시킨다. 신용 대출, 보험 상품 제안, 고객 이탈 방지, 사기 탐지 등 다양한 곳에서 예측 마케팅을 활용할 수 있다.

글로벌 핀테크 기업 렌도Lenddo는 금융 거래가 거의 없어 기존의 신용평가제도에서 소외된 계층도 대출을 받을 수 있도록 SNS 기반의 개인 신용 예측 알고리즘을 개발했다. 렌도는 사용자의 동의 하에 소셜 네트워크, 브라우저 기록, 전자 상거래, 위치 데이터, 스마트폰 속 정보 등을 인공지능 기술로 분석해 1~1,000 사이의 신용 점수를 계산했다. 이 예측 점수를 바탕으로 기존 금융 시스템에서는 대출이 어려웠던 신흥국 고객을 대상으로 1인당 500~800 달러(약 59~94만원) 상당으로 대출을 해준다. 대출 상환율

은 약 95%에 달하는 것으로 알려져 있다.[3]

미국 LA에 있는 제스트 파이낸스Zest Finance도 7만여 개의 각종 변수를 사용해 신용 평가를 한다. 이들은 신용 기록이 없거나 거의 없는 사람들에 대한 정보를 얻고자 머신러닝을 사용한다.[4] 일반 은행들이 20개 안팎의 변수를 사용해 신용평가를 하는 것과는 비교가 안 될 정도다. 국내에서도 중·저신용자는 대출 문턱이 높다. 하지만 금융 데이터와 비금융 데이터를 섞어 신용평가 알고리즘을 개발해서 활용한다면, 이들 대출에 대한 리스크를 줄일 수 있다.

KB손해보험은 자동차 사고데이터를 분석해 복잡한 사고 패턴을 찾아내고 이를 바탕으로 향후 유입 고객의 사고 발생 가능성을 예측할 수 있는 '자동차보험 AI 자동심사 시스템'을 머신러닝으로 개발했다. 기존에 인수가 어려웠던 고객 중 향후 사고 발생 확률이 낮을 것으로 예상되는 고객을 별도의 대기 없이 계약 체결을 해, 고객 편의성도 높이고 업무 효율화도 높였다. 결과적으로는 고객 만족도도 이끌어 냈다.[5]

3   이코노미조선, "SNS 데이터 기반 소액 대출 미국 핀테크 업체 '렌도'", 411
     호, 2021.09.06.
4   AI타임스, "디지털 금융 혁명의 거대한 물결…AI가 은행의 높은 문턱 낮춘
     다", 2022.02.11.
5   뉴스저널리즘, "KB손보, 머신러닝 활용한 사고발생 예측 '자동차보험 AI

알고리즘에 의한 초개인화 마케팅 사례

고객 데이터가 점점 더 많아지면서 빅데이터를 분석하고 모델링하는 기술과 방법은 점점 쉬워지고 비용도 줄어든다. 그 정점에 초개인화^{Hyper-Personalization} 마케팅이 있다(앞서 아마존 예를 들며 소개한 초세분화와도 비슷하다). 초개인화란 개인의 취향이나 행동 패턴을 분석 및 예측하는 기술이다.

잡지 아메리칸 뱅커는 2022년 은행업의 5대 디지털 트렌드 중 하나로 초개인화를 선정하기도 했다.[6] 아일랜드은행^{Bank of Ireland}은 넷플릭스의 특징인 구독과 추천을 활용하여 금융 서비스에 개인화 마케팅을 적용했다. 그동안은 계좌 이체를 할 때마다 수수료를 받는 것이 당연하다고 생각했지만, 아일랜드은행은 여기에 의문을 품고, 마치 구독 서비스처럼 월에 일정한 금액을 내고 모든 서비스를 수수료 없이 이용할 수 있도록 했다. 그리고 새로운 상품이나 프로모션을 고객 맞춤으로 추천했다. 넷플릭스와 같이 정보를 실시간으로 업데이트해 초개인화 서비스를 제공하는 방식이다.[7]

자동심사 시스템' 개발", 2022.11.23.
6   우리금융경영연구소, "글로벌 은행들의 초개인화 뱅킹 사례와 시사점", 2022.04.21.
7   아시아경제, "빠르게 변신하는 글로벌 은행…혁신 더딘 한국 은행", 2022.05.23.

우리은행도 고객 한 명 한 명의 온오프라인 고객 여정과 행동 로그 정보, 마케팅 성과 등을 실시간으로 파악해 고객과 상호 작용하며 영업하는 '고객 데이터 플랫폼^{CDP}'을 구축했다. 고객의 특성을 분석하고 업무 처리 이후의 고객 반응도 학습해 좀 더 수준 높은 개인화 마케팅을 하겠다는 것이다. 고객이 은행 영업점에서 상담하고 난 후, 집으로 돌아가서 애플리케이션(앱)을 열게 되면 상담 내용이 바로 반영되어 있음을 확인할 수 있다.[8]

우리는 이미 일상 생활 속에서 어떤 영화를 관람할지, 어떤 동영상을 시청할지, 무엇을 구매할지 등에 대해 넷플릭스, 유튜브, 아마존 등으로부터 추천을 받고 있다. 이러한 추천 시스템은 우리의 소비 패턴과 행동을 파악하여 앞으로 무엇을 더 좋아할지 예측한다. 이는 고객이 제공하는 데이터가 있기에 가능한 일이다.

금융 분야는 다른 산업 분야보다도 더 많은 고객 데이터를 가지고 있다. 이미 마이 데이터 관련 사업이 진행되고 있으며, 빅데이터와 알고리즘을 이용한 마케팅은 필수 정책이 되고 있다. 하지만 고객은 개인정보 유출에 대

---

8   한국일보, ""최적의 금융 경험"…우리은행, 고객 데이터 플랫폼 구축 완료", 2023.11.13.

해 여전히 불안해한다. 그리고 알고리즘에 대한 부작용도 존재한다. 잘못 짜인 알고리즘은 엉뚱한 피해를 만들기도 한다. 고객의 불안을 해소할 수 있는 방안과 데이터 관리에 대한 신뢰가 선행되어야 한다.

고객의 가치를 창출하는데 빅데이터와 알고리즘은 이제 현실의 문제다. 모든 비즈니스는 상호 연결되어 있다. 데이터 마인드를 갖춰야 연결된 비즈니스에서 빅데이터와 알고리즘 그리고 데이터 분석의 결과를 활용하여 현명한 의사결정을 할 수 있다.

19 데이터 기반의 고객 경험 마케팅

고객 경험은 기업이나 브랜드와 상호작용하면서 축적한 고객의 인식이자 감정이다. 가트너 보고서에 의하면 고객 경험은 고객 로열티, 브랜드, 가격을 합한 것보다 더 큰 영향을 미친다고 한다.

고객 경험은 고객과 기업이 만나는 순간인 고객 접점 MOT, Moment of Truth에서 발생한다. 이제는 온라인으로도 항상 고객과 연결되기 때문에 디지털 공간에서의 고객 경험도 매우 중요하다. 브랜드의 일관성을 잘 유지하려면 온·오프를 막론하고 총체적인 고객 경험을 동일하게 제공할 수 있어야 한다. 웹, 앱, 매장, SNS 등 고객이 접하는 모든 채널이 여기에 포함된다.

어떤 고객 경험이 좋은 걸까? 고객 서비스는 기업과 고객 사이에 주고받아야 할 당연한 마케팅 활동이다. 하지만 기본적인 활동만으로는 고객을 감동시킬 수 없다. 당연한 얘기겠지만, 고객은 기대하지 못한 경험을 할 때 감동한다.

세계 최대 온라인 신발 쇼핑몰인 자포스Zappos는 고객이 찾는 신발이 없을 때, 재고가 있는 다른 쇼핑몰을 직접 찾아 알려준다. 만약 "우리 매장에 재고가 없어요"라고만 했다면 고객은 그냥 떠났겠지만, 이러한 기분 좋은 경험을 한 고객은 다시 자포스를 찾고 단골이 된다. 이런 활동을 컨시어지 서비스라고 한다.

컨시어지Concierge라는 말은 다들 한 번쯤 들어봤을 것이다. 컨시어지 서비스는 호텔, 여행, 교육, 문화, 쇼핑 등 다양한 영역에서 고객 요청을 1:1 맞춤으로 처리해주는 서비스이다. 전통적인 면대면 서비스 산업에서 시작된 개념이지만, 디지털 세상으로도 확대되고 있다. 고객이 기업과 브랜드에 대한 경험을 온라인에서도 동일하게 하도록 도와주고 있다.

고객 경험 극대화 사례

부산에 출장 가서 한 택시기사분으로부터 들었던 사례다. 그분은 신용 대출을 받고자 모 은행 영업점을 방문했다고 한다. 정년 퇴직을 했지만 개인택시를 운영하고 있으며 사학연금을 매월 고정적으로 받고 있다고 했다. 그가 방문한 은행은 수십 년째 거래를 해오고 있던 곳으로 오랫동안 높은 충성도를 유지하고 있는 곳이었다. 사학연금 수령 통장도 이 은행으로 되어 있었다.

그는 지점 방문시 당연히 환대를 받으며 신용 대출을 받을 수 있을 거라 생각했다. 하지만 무슨 이유에서인지 대출이 불가했다. 그 다음은 어떻게 됐을까? 바로 옆에 있는 다른 은행을 찾았고, 아이러니하게도 그곳에서는 아무런 문제 없이 대출 승인이 났다.

오랫동안 자신의 주거래 은행으로 생각하며 믿음을 키워왔던 고객의 경험은 최악의 경험으로 바뀌고 말았다. 그뿐만이 아니었다. 택시 기사는 자신의 불쾌한 경험을 만나는 사람마다 전달하고 있다고 했다.

이런 사례는 영업점 창구에서 일어난 일이고 기록으로 남아 있을 확률이 낮다. 만약 디지털로 상담했다면 어딘가에 기록으로 남았을 것이고 나중에 텍스트 마이닝을 하는 과정에서 문제를 발견하고 개선 방안을 찾았을 지도 모른다. 결과적으로는 고객 한 명의 사건으로 마무리 되었을지 모르는 일이지만, 단골 고객의 실패 경험은 소셜 미디어를 타고 수많은 고객들에게 영향을 미치고 해당 은행의 신뢰도도 떨어뜨렸다.

고객 경험의 실패 사례를 들긴 했지만 반대로 한두 사람 혹은 서비스로 인해 긍정적이고 만족스러운 고객 경험을 하는 경우도 있다. 이때는 고객의 재구매는 물론이고 여러 다른 고객으로 신뢰가 이전되는 효과가 있다. 디지털 기술은 이러한 문제 발견과 해결에 있어서 과거보다 좀 더 정확하고 분명한 정보를 제공한다.

디지털 기술을 고객 경험 확대에 활용하는 기업에 스타벅스가 있다. 스타벅스는 전 세계 약 3만 개의 매장에서 1주일 동안 약 1억 건의 거래 데이터를 축적한다.[1] 여기에는 거래, 날씨, 재고 데이터 등도 포함된다. 분석된 데이터를 바탕으로 멤버십 회원에게는 음료 쿠폰과 무료 업그레이드 같은 맞춤형 서비스도 제공한다. 그리고 고객들을 수백 개의 페르소나로 분류하고 그들이 만족할 만한 공간을 계속 연구하고 실험하는 치밀함도 보여준다. 고객 페르소나의 맥락에 맞는 공간이 될 때 지속적인 재방문으로

---

[1] Was Rahman, "Starbucks Isn't a Coffee Business — It's a Data Tech Company", Medium, 2020.01.16. https://bit.ly/3UeV2yq

이어지고 열렬한 팬이 된다는 것을 스타벅스는 잘 알고
있다.

창업주 하워드 슐츠는 2017년 주주 컨퍼런스 콜에서
"디지털 기반의 새로운 환경에서 리테일 회사가 이기려면
그 회사의 매장은 경험을 제공하는 것이 유일한 목적지여
야 한다"라고 말한 바 있다.[2]

디지털 기반 컨시어지 서비스 사례

컨시어지 서비스도 디지털로 제공되는 시대다. 비자VISA는
고객의 식사부터 호텔 숙박, 항공권과 액티비티까지도 한
번에 예약하는 '비자 컨시어지' 서비스를 디지털로 제공하
고 있다. 전화, 이메일, 라이브 채팅은 물론이고 카카오톡,
왓츠앱, 라인 등의 메신저 앱 채널에서도 연중 무휴로 운영
된다.[3] 스웨덴의 스웨드뱅크Swedbank는 가상 비서인 챗봇 니
나Nina를 활용해 웹사이트로 들어오는 고객의 문의를 처리
한다.[4] 새로운 신용카드를 발급받을 수 있는지 고객이 물으

2   New York Times, "Starbucks Closes Online Store to Focus on In-Person
     Experience", 2017.10.01.

3   VISA, https://www.visakorea.com/pay-with-visa/visa-concierge.html

4   Eeva Haaramo, "Swedish banks embrace rapidly evolving chatbots", Computer
     Weekly, 2018.01.31. https://bit.ly/3LfkZx7

면 니나는 자연어 분석을 통해 그 문장의 의미를 이해한다. 그뿐만 아니라 고객의 질문 이유까지도 분석한다. "사용하던 카드를 분실했거나 카드가 훼손됐습니까?"라는 질문을 하면서 대응을 한다. 미국 뱅크 오브 아메리카Bank of America의 에리카Erica는 인 앱 챗봇으로 고객과 실시간으로 대화를 나눈다. 그리고 인공지능으로 개인 자산을 관리하고, 고객의 노력을 최소화하는 편리한 UX로 고객의 경험을 극대화하는 컨시어지 서비스를 제공한다.[5]

간단하게 나마 금융권 기업들의 컨시어지 서비스 사례를 살펴보았다. 자세한 기능이나 제공 서비스를 이곳에서 구체적으로 열거하기에는 어렵지만, 벌써 많은 기업들이 인공지능 서비스를 이용해 컨시어지 서비스를 제공하고 있다. 앞으로는 고객 응대 수준에서 머물지 않고, 챗GPT나 바드 같은 생성형 AI의 도움을 받아 음성으로 현금 이체를 하거나 주식 투자를 하는 시대도 곧 올 것이다.

금융 기업이 아닌 곳 하나 더 살펴보자. 미국 캘리포니아에 있는 페블 비치 리조트Pebble Beach Resorts는 17마일 드라이브와 골프장으로 유명한 곳이다. 매년 150만 명이 넘는 사람들이 방문하는 페블 비치에는 드라이브 코스와 골프

---

5   인공지능신문, "뱅크 오브 아메리카, 금융 분야에서 최초로 AI 비서 에리카(Erica) 앱(APP) 출시", 2018.07.21.

장뿐만 아니라 고급 레스토랑, 리테일 매장, 헬스클럽, 스파 등 각종 편의 시설이 있다. 하지만 고객이 누구인지, 어떤 것을 원하는지, 어떤 불편이 있는지 전혀 알지 못했다. 예를 들어 고객들은 "저녁 먹을 곳을 찾고 싶어?" "맥주 마시기 괜찮은 곳은 어디지?" "딸에게 줄 선물을 판매하는 곳을 찾고 싶어?"라는 질문을 갖고 있지만, 리조트는 이런 서비스를 받고자 하거나 불편을 제기하는 고객이 있다는 사실을 전혀 몰랐다.[6]

이러한 고객의 문제를 인지한 리조트는 IBM과 파트너 관계를 맺고 IBM 왓슨Watson을 이용하여 디지털 컨시어지 서비스를 제공했다. 앱을 개발해 고객의 질문에 응답하고, 그 과정에서 고객 정보를 수집해 다음 마케팅에 활용하도록 했다. 페블 비치의 리테일 부문 담당 임원은 "우리는 고객에게 페블 비치에서의 추억을 완벽하게 만들어 줄 상품을 제공하게 됐습니다"라고 했다. 페블 비치는 연간 150만 명의 고객이 누구인지, 무엇을 좋아하는지, 무엇을 먹고 싶은지, 무엇을 구매하고 싶은지 자세히 알고 있다. 고객 경험을 완벽하게 제공할 수 있게 되었다.

LG전자는 본사 직속으로 CXCustomer eXperience센터를 신설해 고객 경험을 강화하고 있다(2022년). 그리고 UP가전을

---

6   한국IBM 공식 블로그, http://blog.naver.com/ibm_korea/221056512899

출시해 고객의 맥락(환경)에 맞게 기능을 업그레이드하는 고객 경험을 제공하고 있다. 고객이 반려동물을 입양하면 공기청정기와 세탁기에 펫 모드 기능이 업데이트되고, 신생아가 태어나면 공기청정기와 에어컨에 자연 바람 모드가 추가되는 방식이다.[7] 집 안에 설치된 비접촉 센서로 고객의 심박수와 호흡을 감지해 데이터화하고, 고객의 건강 상태에 맞춰 집 안 온도와 습도를 자동으로 조절하는 방식으로 스마트 라이프를 구현한다. 집 안 곳곳에 설치된 센서와 IoT 기기를 연결하고 고객이 직접 조작하지 않아도 알아서 기기를 제어한다. UP가전은 씽큐^{ThinQ} 플랫폼을 통해서 부품 교체 없이도 기능 개선을 한다.[8] 데이터와 인공지능이 중심 역할을 한다.

현대자동차는 2016년부터 제네시스 차량에 와이파이 모뎀을 달아 고객 자동차의 상태 정보를 수집한다. 엔진 오일 교체 시기, 타이어 공기압, 능동 브레이크 기능 동작 여부 등의 데이터를 감지한다. 고객이 출퇴근을 하는지, 차에 몇 명이 탔는지, 항상 가던 길을 가는지, 캠핑을 가는지 등 고객 행동 맥락에 접근한 데이터를 모으고 있다. 고객의 삶에 적용할 경험 가치를 찾기 위해서다.[9]

7   ThePR, "삼성·LG도 선언한 '고객 경험' 전략…그게 뭔데?", 2023.08.23.
8   연합뉴스, "LG전자, '스마트 라이프 솔루션' 비전을 현실로", 2024.01.08.
9   ThePR, "삼성·LG도 선언한 '고객 경험' 전략…그게 뭔데?", 2023.08.23.

이미 앞서 나가는 많은 기업들이 디지털 전환이라는 거대한 흐름에 따라 고객들에게 새로운 경험을 제공하기 위한 다양한 노력을 기울이고 있다. 이를 위해 고객 데이터를 수집하고 활용하는 것은 더 이상 선택이 아니라 필수다.

　고객 경험은 1990년대 말부터 경영의 주요 전략 키워드였지만 이를 구현하는 데는 한계가 있었다. 데이터가 부족해서였다. 당시에는 아날로그 시대였지만 지금은 디지털 시대다. 환경이 바뀌면 마케팅도 당연히 바뀌어야 한다. 고객 경험을 원하는 방향으로 구현할 수 있는 세상이다. 그러려면 여러 데이터 중에서도 고객행동맥락 데이터가 있어야 한다. 이를 수집하고 인공지능으로 분석함으로써 고객 경험을 극대화할 수 있다. 앞서 여러 사례를 들어 이를 설명했다. 마케팅에 데이터 기반 디지털 혁신이 일어나는 중이다.

20 데이터 기반의 구독 서비스 마케팅

어느 날 아침 수신된 이메일을 살펴봤다. 매경의 미라클레터, 이노펏파트너스의 베네핏레터, 고두현의 아침 시편, 박노해의 나눔문화 등 모두 구독중인 메일링 서비스이다. 업무용으로는 마이크로소프트 365, 안랩의 V3 365, 애플의 아이클라우드, 어도비의 크리에이티브 클라우드 포토그래피 플랜, 노션, 캔바, 슬라이도, 패들렛, 줌 그리고 밀리의 서재 등도 유료 구독을 하고 있다. 여기에 최근에는 넷플릭스, 유튜브 프리미엄도 구독하고 있다. 그 외에도 IPTV, 이동통신, 초고속 인터넷 통신 등이 있다. 이 역시도 일종의 구독이다. 월 사용료를 지불하고 있는 서비스 대부분은 구독이다. 그리고 월간 사진예술, 주간 이코노믹리뷰, 계간 보보담 등의 인쇄물도 정기적으로 받는 구독 제품이다.

법인 사업자로 구독하는 상품도 있다. 세무 기장 및 결산 대행 서비스를 연간으로 제공받고 있으며, 자동차보험을 매년 갱신하고 있고, 웹호스팅 서비스 역시 년 단위로 갱신하고 있다. 대체로 1년 단위로 갱신이 이루어지고 있으니 다른 말로 바꾸면 이 또한 구독 서비스인 셈이다. 단지 구독이라는 생각을 하지 않았을 뿐이다. 즉, 내가 보고 있는 콘텐츠와 이용하는 서비스 모두가 내 것이 아니고 잠시 빌려 쓰는 것이다. 내가 물리적으로 소유하여 갖고 있는 것은 배달되어 오는 월간지와 주간지밖에 없다. 최근에는 잡지들도 계속 쌓이고 치우고 정리하는 것이 번거로워 전자책 형태로 봐야 하나 싶은 생각을 한다. 전자책이나 전자잡지가 되면 구독 서비스를 이용하는 것과 다를 바가 없다.

점점 더 직접 만질 수 있는 제품은 사라지고, 직접 만질 수 없는 서비스만 남는다. 소유의 시대를 지나 구독의 시대로 빠르게 바뀌고 있는 셈이다. 어쩌면 구독購讀이라는 말 보다 구용購用이라는 말이 더 적합할지도 모른다. 왜냐하면 구매해서 읽는 것보다는 구매해서 사용하는 제품이 더 많아지고 있기 때문이다.

구독 경제의 본질은 데이터

구독 경제라는 용어를 처음 사용한 주오라의 창업자 티엔 추오는 "특정 고객 기반의 니즈를 바탕으로 고객들에게 지속적인 가치를 제공하는 '서비스'를 만드는 것이 모든 비즈니스의 목표가 되어야 한다. 제품 판매가 아니라 서비스 제공을 통한 반복적 수익의 창출을 위해 고객을 '구독자'로 전환시키는 변화를 위한 환경이 '구독 경제Subscription Economy'"라고 주장했다.[1]

그렇다면 구독 경제의 본질은 무엇일까? 반복적인 수익을 창출할 수 있도록 돕는 구독자의 데이터다. 구독자의 데이터를 제대로 활용하는 기업은 구독 경제 시대에 살아남을 것이고, 그렇지 못한 기업은 사라질 가능성이 높다. 다시 말하면, 구독 경제의 본질은 데이터이고 이를 분석해 예측 모델을 만들고 반복적인 구매로 연결하는 능력만이 생존 기술이 된다는 뜻이다. 이는 과거의 구독 서비스와는 다르다. 이를 잘 보여주는 사례가 넷플릭스의 성공과 블록버스터의 실패이다.

넷플릭스는 1999년부터 월간 구독 서비스를 시작했다.

---

[1]   티엔 추오, 게이브 와이저트(2019), 〈구독과 좋아요의 경제학〉, 박선령 역, 부키.

매월 일정액을 내고 보유 중인 영화를 무제한 빌려보는 방식이었다. 처음부터 인터넷 기반의 온라인 비즈니스였기 때문에 고객의 데이터를 쉽게 수집할 수 있었다. 콘텐츠 장르와 특징을 분석하여 고객의 취향에 맞게 추천하는 시스템을 개발하고, 반복 구매가 가능한 구독자를 모집했다. 이후 구독자 데이터가 쌓이면 쌓일수록 추천의 정확성은 점점 높아졌다.

넷플릭스 성공 요인에는 추천의 정확성도 있지만, 더 결정적인 것은 자체 제작 콘텐츠 시스템이다. 그런데 자체 제작 콘텐츠 역시도 데이터에 근거해서 만들어졌다는 점이 이채롭다. 2013년 공개된 《하우스 오브 카드》라는 드라마는 영국 BBC에서 1990년 제작된 적이 있는 작품이다. 넷플릭스는 제작에 들어가기 전 사용자 데이터를 활용해 데이비드 핀처 감독과 주연 배우인 케빈 스페이시를 선정했다. 그리고 과거 작품을 리메이크한 것 역시도 데이터 분석에 기반했다.

구독 서비스는 가치 사슬의 변화

하버드 경영대학원의 테이셰이라 교수는 "시장 파괴의 진짜 원인은 기술이 아니라 달라진 고객이다"라고 했다.[2] 그리고 기업은 기술 혁신이 아니라 비즈니스 모델 혁신을 해야 한다고 주장했다. 고객이 원하는 새로운 가치를 제공하려면 구매 이후 사용까지의 프로세스를 분석해서 이 중 일부 활동에 집중하는 비즈니스 모델로 혁신할 필요가 있다는 뜻이다.

고객이 어떤 상품을 구매 및 소비하는 과정에서 가치를 느끼는 연결고리를 가치사슬이라고 한다. 이 가치사슬 중에서 고객이 가장 고통스럽게 생각하는 부분의 사슬을 끊어 우리의 비즈니스 모델로 해결함으로써 가치혁신에 나설 수 있다. 기술이 아니라 고객 인식이나 행태가 달라지는 것을 꿰뚫어야 시장을 파괴하고, 소비 사슬을 끊어낸다는 것인데, 이를 디커플링Decoupling이라고 한다.

전형적인 고객 가치 사슬은 '평가하기-선택하기-구매하기-소비하기'의 단계로 연결되어 있다. 시장 파괴자들은 이 단계를 이어주는 연결 고리 일부를 깨뜨린 후 하나 또는 몇 개의 단계를 훔쳐 가는 방식을 취한다. 배달의민족은 배달음식의 구매하기 사슬을 끊어내어 주문과 배달의 고통을 덜어주었다. 결과적으로 음식점과 고객 모두에게 가치를 제공하는 플랫폼기업이 되었다. 이후 배민B마트, 배민스토어, 배민쇼핑라이브, 배민상회, 배민키친, 배

---

2   탈레스 S. 테이세이라(2019), 〈디커플링〉, 김인수 역, 인플루엔셜.

민커넥트, 배민로봇, 배민페이까지 주문과 배달을 기반으로 사업을 확장하고 있다.

핀테크 기업인 '토스'는 기존 은행들이 하지 못했던 간편 송금 서비스를 스마트폰 앱을 통해 쉽게 해결하는 것으로 가치 사슬 중 하나를 바꾸었다. 이제는 송금뿐만 아니라 대출과 뱅크까지 넘보고 있다.

고객 가치 사슬의 어느 단계를 끊어내야 비즈니스 혁신을 할 수 있을까? 어떤 데이터를 활용해야 할까? 이렇게 자꾸 질문해야 새로운 기회를 엿볼 수 있다. 제품에서 서비스로 전환이 가능한 기업은 기본적으로 구독 모델로 변화를 꾀할 수 있다. 다만 구독 서비스가 성공하기 위해서는 조직의 마인드 셋이 고객 중심으로 전환되어야 하고, 내부적으로는 디지털 전환에 적극적이어야 한다.

애플은 ID 하나로 자신들이 제공하는 모든 서비스를 연동하고 있으며, 아이클라우드와 같은 구독 서비스로 락인 lock-in 효과까지 거두고 있다. 최근에는 애플 같은 IT기업뿐만 아니라 전통적인 제조 중심의 기업들도 구독 모델에 관심을 갖고 있다. 현대차그룹은 2019년 브랜드별 차량 구독 서비스(현대셀렉션, 제네시스스펙트럼, 기아플렉스)를 출시했다. 해당 서비스는 매월 일정 요금을 내고 차량을 이용할 수 있도록 했다. 마치 단기 렌터카를 이용하는 것과 유사하다. 서비스 기간에 다양한 차량을 바꿔 탈 수 있어

신차 효과를 극대화할 수 있다.[3]

풀무원은 2022년 맞춤형 식단 정기 구독 서비스인 '디자인밀' 모바일 앱을 출시했다. 디자인밀 제품 중 개인 맞춤 식단 추천을 원하는 고객을 위한 개인화 기능도 제공한다. 연령과 성별, 일상 활동량 등 간단한 정보를 입력하면 최적의 식단을 추천받을 수 있다.[4]

이미 많은 사람들이 구독에 익숙해지고 있다. 고객이 원하는 것, 고객이 원하는 방식으로 서비스를 제공하는 기업은 살아남는다. 제조업이든 서비스업이든, 대기업이든 자영업이든, 고객이 원한다면 구독 서비스에 관심을 가져야 한다. 그리고 어떻게 적용할 것인가 고민해야 한다. 고객의 무의식적인 구독 습관을 먼저 가져가는 기업이 비즈니스 전쟁에서도 승리할 것이다. 데이터 기반 비즈니스를 할 수 있는 데이터 마인드가 필요해지는 순간이다.

구독 경제 혹은 구독 서비스는 하나의 소비 트렌드다. 소비자들은 아날로그 시절부터 습관적으로 구독하고 있었다. 이제 디지털 시대가 되면서 자연스럽게 디지털 기반의 구독이 일반화되었다. 디지털 재화라도 실물이 없는

---

3   아주경제, "고금리에 안 팔리는 車…업계 불황전략 고심", 2023.02.14.
4   식품음료신문, "풀무원, 맞춤형 식단 정기 구독 서비스 '디자인밀' 모바일 앱 론칭", 2022.04.21.

것에 대해 더 이상 불편해하거나 불안해하지 않는다.

　디지털 거래는 어김없이 데이터를 남긴다. 마케터나 기획자는 이렇게 쌓인 데이터를 어떻게 활용할지에 대해 고민해야 한다. 우리 비즈니스에 구독 서비스를 도입하거나 구독자의 데이터로 가치 창출을 할 수 있는지 살펴보아야 한다. 그리고 이러한 의사결정도 데이터에 기반해서 진행해야 함을 잊어서는 안 된다.

4부

데이터 마인드 높이는 방법

21 데이터가 아니라 데이터 사고력

데이터 기반의 의사결정은 의사결정자의 선언만으로 되지 않는다. 문제 인식부터 데이터 수집 그리고 분석과 통찰에 이르기까지, 관련된 모든 사람들의 데이터 마인드가 중요하다. 데이터 기반의 의사결정을 해야 하는 사람이 갖추고 실천해야 할 데이터 마인드, 좀 더 세부적으로는 데이터 사고력을 높이는 방법에 대해 알아보자.

존 스노와 나이팅게일 그리고 세종

1854년 영국 런던 소호가에 콜레라가 창궐했다. 발병 사흘 만에 127명 사망, 열흘이 지나자 500여 명이 사망했다. 당

존 스노의 콜레라 지도[1]

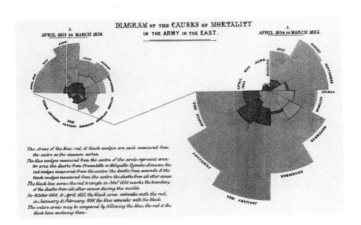

나이팅게일의 사망 원인 로즈 다이어그램[2]

데이터 마인드 기르는 습관

시 의사였던 존 스노John Snow는 감염에 따른 사망자 수와 사망자의 주소를 확보하고 직접 현장을 방문하였다. 스노는 수집한 데이터로 검은 사각형을 표시했다. 그러자 그동안 보지 못했던 사실을 확인할 수 있었다. 바로 공용 펌프 주변에 사망자가 집중되어 있다는 사실이었다. 이를 근거로 스노는 콜레라 원인이 공기가 아니라 오염된 식수원이라고 확신했다.

영국에 콜레라가 발병한 같은 해인 1854년, 영국 군인들은 크림전쟁을 치르고 있었다. 간호사였던 플로렌스 나이팅게일Florence Nightingale은 터키에 있는 영국군 야전병원으로 가게 된다. 그런데 야전병원의 위생 상태가 너무 열악했다. 입원한 환자의 사망률이 무려 43%였다. 전장에서의 사망률보다도 더 높은 수치였다. 나이팅게일은 이 문제를 해결하기 위해 통계 작성 기준을 만들고 입원, 부상, 질병, 사망 등의 내역을 매일 기록하고 수집된 데이터를 토대로 사망원인 다이어그램 즉, 로즈 다이어그램을 만들었다. 예방 가능한 질병(파란색), 전투(부상)로 인한 사망(빨간색), 기타 원인으로 인한 사망(검은색)의 수를 쐐기 모양으로 표

---

1   https://upload.wikimedia.org/wikipedia/commons/2/27/Snow-cholera-map-1. jpg에서 확대 및 편집

2   https://upload.wikimedia.org/wikipedia/commons/1/17/Nightingale-mortality.jpg

시행했다. 그래프는 야전병원의 위생과 감염 그리고 사망에 대한 위험성을 한 눈에 보기에 충분했다. 결국 영국 정부는 이 근거를 바탕으로 위생 조치를 실시했고, 이후 사망률이 2%로 감소하는 결과를 얻을 수 있었다. 로즈 다이어그램의 오른쪽은 위생 조치가 시행되기 전의 차트이고, 왼쪽은 위생 조치가 시행된 이후의 차트이다.

　이제 조선으로 가보자. 조선 건국 초에는 '답험손실법'이라는 세금 제도가 있었다. 답험손실법은 논 1결마다 조미 30두, 밭 1결마다 잡곡 30두를 징수하는 법으로 가을철 추수기에 관리들이 현장 조사를 통해 한 해 농사 작황의 등급을 정하고(답험, 踏驗), 그 작황 등급에 따라 적당한 비율로 조세를 감면(손실, 損失)해주는 제도였다. 그런데 이 제도는 관리들의 주관적인 판단으로 많은 폐단을 야기했다. 세종은 이 문제를 해결하고자 1430년 공법(해마다 전답 1결당 조 10두 징수인 정액 세제)을 만들었다. 그런데 이를 바로 시행하지 않고, 고을 수령에서 일반 평민에 이르기까지 전 국민을 대상으로 하는 일종의 여론 조사를 실시했다. 무려 5개월 동안 17만 명이 참여한 대규모 조사였다. 결과는 57.1%의 찬성이 나왔으나 세종은 신하의 뜻에 따라 공법 시행을 보류했다. 왜냐하면, 전답이 넓고 비옥한 전라도와 경상도에서는 99%가 찬성하고, 땅이 척박하고 비좁은 평안도와 함길도(함경도)에서는 95~99%가 반대했기 때문이었다. 조세 공평을 줄기차게 주장한 세종은 신하들과 지속적인 토론 과정을 거쳐 일부 도(전라·경상)에서 시범적으로 먼저 실시하고, 수정 보완을 통해 1444년(세종 26년)에 공법을 마침내 확정했다. 이후 공법은 조선 세법의 근간이 되었다. 임금과 신하의 현명한 의사결정으로 백성이 편안할 수 있었던 사례였다.[3]

데이터 사고력를 높이는 방법

기억해야 할 것은 데이터가 있다고 해서 문제가 해결되는 것은 아니라는 점이다. 데이터가 모든 것을 설명해주지는 않는다. 현명한 의사결정을 위해서는 문제를 정확하게 읽고 이를 해결하려는 의지를 가진 사람이 있어야 한다. 그런 다음 문제 해결에 적합한 데이터가 있어야 하고, 데이터 이면의 현실을 읽어낼 수 있는 통찰력을 갖춰야 한다.

제대로 통찰하려면 분석적 사고, 통계적 사고, 전략적 사고 능력이 필요하다. 이 세 가지가 데이터 사고력으로 데이터 마인드에 필요한 기본적인 능력이다. 분석적 사고

---

3   경향신문, "조선 최초의 '전 백성' 여론조사, 그걸 세종이 해냈다",
     2019.10.08.

는 복잡한 상황을 세분화해서 이해하고 숨어있는 의미를 파악하는 사고다. 통계적 사고는 통계를 기반으로 사물을 추측하거나 판단하거나 단순화하는 사고다. 전략적 사고는 복잡한 환경에서 현재 상황을 판단하고 장래의 지향점에 대한 결론을 명쾌하게 내리는 사고다. 존 스노도, 나이팅게일도, 세종도 데이터에 기반을 둔 분석적 사고, 통계적 사고, 전략적 사고로 데이터 이면을 통찰하여 새로운 가치를 만들 수 있었다.

어떻게 하면 데이터 사고력을 높일 수 있을까? 몇 가지 방법을 소개한다.

첫째, 다양한 종류의 데이터를 다룰 수 있어야 한다. 서베이를 통한 정형 데이터와 소셜에 있는 비정형(텍스트 등) 데이터를 통합적으로 분석하고 의미를 찾으려는 접근이 필요하다. 하나의 데이터로 복잡한 사회 현상을 설명하는 데에는 한계가 있다. 2차 자료(기존 자료)와 직접적인 조사 그리고 빅데이터를 연결해서 관련 문제를 총체적으로 이해하려는 시도가 필요하다.

최근 경기연구원에서는 비무장지대DMZ에 대한 인식을 파악하기 위해 한국을 비롯해, 접경 지역을 갖고 있는 4개 국가의 주민을 대상으로 설문조사를 실시했다. 아울러 검색 기반의 구글 트렌드 분석, 소셜 기반의 썸트렌드 분석, 국내 뉴스 기사로 빅데이터를 만들고 이를 마이닝하는 작업을 했다. 정형 데이터와 비정형 데이터 분석을 통해 DMZ의 인식을 총체적으로 파악하는 접근을 했다(이미 앞에서 예시로 다루어보았다).[4] 이처럼 다양한 종류의 데이터를 다룰 수 있어야 통합적 사고력에 바탕한 의사결정이 가능하다.

둘째, 데이터 분석 방법과 시각화 결과물에 의심을 갖고 봐야 한다. 비록 조사 윤리를 잘 지켰다 해도 다양한 오류가 발생할 수 있다. 조사 설계에서 데이터 수집, 전처리 과정, 통계 분석과 시각화 방안 그리고 결과를 해석하고 활용하는 과정에서 수많은 오류가 일어난다. 오류를 최소화하는 방법은 모든 데이터를 의심해 보는 것이다. 믿지 말라는 것이 아니라 데이터가 가지고 있는 제약 사항을 염두에 두어야 한다는 뜻이다.

앞에서 여러 차례 언급했던 4대강 보 해체에 대한 동의 여부 질문은 유도 질문이었으며 응답자의 81.8%가 해체에 동의했다. 그런데 유도성 질문이 아니었다면 다른 결과가 나왔을지도 모른다. 누군가에 의한 사소한 오류(혹은 의도된 목적)가 심각하게 결과를 왜곡시킬 수 있다는 점을

---

4   이정훈, 구자룡, 조진현(2020), "한국인과 외국인이 본 DMZ : '국토 분단'에서 '인식의 분단'으로", 경기연구원. 조사 결과를 요약하면, DMZ에서 정상회담과 이벤트가 많아지면서 최근 5년 동안 43%의 인지율을 보여 단기간에 글로벌 이미지를 확보해 가고 있는 것으로 나타났다. DMZ를 독특한 장소성으로 차별화하여 외국인들에게 적극적 브랜딩이 필요하다.

기억해야 한다.

셋째, 표본조사의 특성과 오류 발생 가능성에 대해 알고 대비해야 한다. 표본조사는 표본으로 모집단의 특성을 추론한다. 추론이 타당하기 위해서는 모집단에서 무작위로 표본이 추출되어야 한다. 이때 일어나는 대표적인 오류가 선택 편향Selection Bias이다. 선택 편향은 무작위 표본이 아닌데 마치 무작위 표본인 것처럼 생각하고 사용하는 것을 말한다. 결과적으로 오류가 있는데 모르거나, 오류를 알고도 무시하거나 할 때 발생한다.

연령대별로 표본수를 할당하고 온라인 조사를 하겠다고 설계했다면 조사 설계는 타당할 수 있다. 하지만 온라인 조사이기 때문에 컴퓨터나 스마트폰 사용에 어려움을 겪고 있는 분들은 이 표본 추출에서 배제될 가능성이 높다. 어쩌면 정보격차로 가장 고통을 받고 있는 고령층 다수가 조사 과정에서 배제되었다는 사실조차 모르고 넘어갈 수 있다.

넷째, 모든 통계가 아니라 나에게 필요한 통계는 알아야 한다. 빅데이터 분석도 통계 분석을 기반으로 한다. 통계를 모르고 분석 결과를 해석할 수 없다. 통계분석의 결과를 현실의 상황과 연결하여 대조해 보고 그 의미를 파악해야 한다. 통계는 이상한 세계의 통계치가 아니기 때문에 현실 세계의 특성을 그대로 나타낸다. 상식선에서 이해가 되지 않는다면 데이터 수집부터 분석까지 다시 세심하게 확인해 봐야 한다. 통계를 기반으로 생각하는 통계적 사고가 습관화되어야 하고, 편견 없이 데이터를 보는 습관을 들여야 한다.

데이터는 거짓말을 못 하지만 사람은 거짓말을 한다. 이런 거짓말에 속지 않으려면 습관적으로 데이터 이면의 현실을 제대로 파악하려는 노력을 해야 한다. 데이터 사고력을 갖출 때 이러한 오류 혹은 편향에 빠지지 않을 수 있다. 근사하고 복잡한 기술도 중요하지만 더 중요한 것은 실수하지 않는 것이고 분석 결과 이면에 어떤 의미가 있는지를 통찰하는 것이다.

22 빅데이터가 아니라 빅 싱킹

데이터의 가치를 일찌감치 깨달은 기업들은 오래전부터 데이터 수집과 분석을 통해 의사결정을 진행해왔다. 이와 관련해 기대 이상의 성과를 거둔 기업도 있지만 그렇지 못한 기업도 많다. 대체로 기대한 만큼 성과를 내지 못하는 것이 현실이다. 데이터의 중요성은 잘 알지만 왜 성공 케이스는 드문 걸까? 과거에는 데이터에 품질의 문제가 있다고 생각했다. 하지만 이제는 이를 의심하는 사람은 별로 없다. 고객의 구매이력, 소셜미디어, 센서, 이메일, 로그 데이터 등을 통해 양질의 데이터가 실시간으로 수집된다. 그럼에도 불구하고 아직까지 많은 기업에서 제대로 업무에 활용하고 있지 못하는 이유는 무엇일까?

스마트 데이터와 빅 싱킹

빅데이터가 이슈가 되면서 수많은 행사가 열리고, 전문 인력 양성을 위한 교육 과정도 많이 생겼다. 하지만 각자의 관심에 따라 니즈 또한 다양하다. 개발자는 정보시스템 운용을, 데이터 분석가는 통계 분석 및 분석을 위한 프로그래밍 언어를, 마케터나 기획자는 분석의 결과 도출과 활용에 관심을 갖는다. 그런데 이런 각자의 니즈를 고려하지 않고 한 방향으로만 교육과 투자가 진행된다면 올바른 데이터 활용이 될까?

예를 들어, 데이터 기반의 의사결정을 위해 전 직원을 대상으로 R 프로그래밍 교육을 한 어떤 B2B 기업이 있다. 과연 전 직원을 대상으로까지 할 필요가 있었을까? 모든 직원이 데이터 분석을 전문적으로 하면 좋겠지만, 몇 시간 교육받는다고 할 수 있는 것은 아니다.

최근에는 어떤 교육청에서 AI고등학교와 빅데이터 고등학교를 만들겠다고 말한 바도 있다.[1] 고등학교 교사들을 방학 동안 연수시켜 AI나 빅데이터 수업을 할 수 있는 선생님으로 전환한다는 발생인데, 이것 또한 현실을 모르는

---

[1] 서울경제, "특성화高→AI高 이름 바꿨지만⋯학생들 갈수록 '외면'", 2022.10.14.

탁상행정이라 할 만하다. 데이터가 무조건 많으면 좋다고 생각하는 분들도 있지만, 데이터가 많으니까 무엇이라도 할 수 있다고 생각하는 것은 큰 착각이다. 누누이 설명했지만 데이터가 아니라 문제 정의가 먼저이고, 분석 결과와 적용은 별개라는 것을 기억해야 한다.

그동안 마케팅에서는 서베이나 구매 이력 등 정형화된 데이터를 바탕으로 신제품 개발이나 마케팅 전략을 수립했다. 그러나 어느 순간부터는 이런 데이터만으로는 마케팅의 여러 문제를 해결하기가 어렵다는 것을 알게 되었다. 특히 고객들의 행동 패턴을 이해하는데 많은 어려움이 발생했다. 빅데이터가 이런 한계를 극복할 수 있는 대안으로 생각되었지만 그렇게 말처럼 간단한 일은 아니었다.

정확히 말해, 마케터에게 필요한 데이터는 스마트 데이터이다. 스마트 데이터는 빅데이터에도 있고 스몰데이터에도 있다. 마케터의 골머리를 앓게 하는 여러 문제를 해결하는데 데이터의 많고 적음은 아무 의미가 없다. 싱킹의 문제로 접근해야 한다. 그동안은 빅데이터가 있어야 빅 싱킹을 할 수 있다고 생각했다. 하지만 크고 넓게 사고하는 빅 싱킹은 데이터의 많고 적음에서 나오는 것은 아니다. 우리는 이미 스몰데이터로도 수십만 생명을 구한 사례를 살펴보았다. 존 스노의 콜레라 지도와 나이팅게일의 로즈 다이어그램은 빅데이터가 아니지만 작은 데이터로 빅 싱킹을 통해 사망률을 감소시키는 문제 해결에 성공한 케이스다.

빅 싱킹을 통찰이라고 표현해도 무방할 것 같다. 사물을 훤히 꿰뚫어 보는 능력을 통찰력이라고 하는데, 데이터를 보고 그 속에 어떤 의미가 있는지 훤히 꿰뚫어 볼 수 있는 통찰력이 빅 싱킹이다. 통찰은 데이터의 규모가 아니라 데이터를 바라보는 분석자의 마인드에서 만들어진다. 이를 위해서는 부단한 연습과 노력이 필요하다. 단순히 논리적 사고의 결과물로 보기는 어렵다. 다양한 관점에서 경험과 센싱의 결과물이 포함되어야 가능하다. 그래서 전문적인 데이터 분석가보다 현업 실무자가 통찰을 더 잘한다. 데이터 분석 기법을 다루는 전문성은 떨어지지만 업의 특성을 이해하고, 데이터의 의미를 안다는 점에서 훨씬 나은 통찰이 가능하기 때문이다.

빅 싱킹(통찰)을 잘하기 위해서는 몇 가지 전문적인 도구를 이용하면 좋다. 그중 하나가 고객의 구매 여정을 한눈으로 확인할 수 있는 싱글뷰^{Single View, Single Customer View} 시스템이다.

신한금융투자는 싱글뷰에 기반한 실시간 분석 및 보고 체계를 구축함으로써, 특정 부서 및 직급에 관계없이 업무처리 및 의사결정 프로세스를 대폭 개선했다.[2] 농협은행도 '싱글뷰'로 고객의 기본 정보, 투자 성향, 관심 상품, 서비스 가입 현황 등을 실시간으로 파악하고 그에 맞는 금융 서비스를 제공한다.[3]

싱글뷰는 고객의 개인정보, 구매 이력, 상호작용 기록, 행동 패턴 등 다양한 고객 데이터를 하나의 통합된 뷰로 제공한다. 마치 나를 대신해서 빅 싱킹을 해주는 것과 같다. 이를 통해 기업은 고객에 대한 종합적인 정보를 파악하고, 개별 고객과의 상호작용을 개선하며, 맞춤형 마케팅과 서비스를 제공한다.

살아있는 고객의 정보를 확인하고 이를 경영에 반영하는 것은 이제 선택이 아니라 생존의 문제다. 이에 대해 현업 실무자들이 두려움을 가질 필요는 없다. 데이터로 빅 싱킹을 하고, 멋진 통찰을 할 수 있는 사람은 현업에 있는 바로 '나'임을 명심해야 한다.

고객의 정보는 시장에 있고 데이터는 실시간으로 축적된다. 좀 더 넓고 크게 생각하는 습관을 가져야 한다. 데이

---

2   빅스데이터, "신한금융투자, 태블로 통해 디지털 트랜스포메이션 여정 가속화", 2022.07.20.

3   파이낸셜신문, "농협은행, 고객 맞춤형 서비스 '마케팅허브' 오픈", 2023.05.30.

터의 의미를 크고 넓게 해석하는 사고력이 중요하다. 열린 사고로 비즈니스의 다양한 변화를 관찰하고, 데이터로 문제의 본질을 센싱하고, 창의적 아이디어로 새로운 가치를 만들어 내는 힘은 빅 싱킹에서 나온다.

23 **결과가 아니라 결론 도출**

문제 해결을 위한 데이터 수집과 분석 그리고 분석의 결과물까지 나왔다. 만약 리서치 회사이고 고객사로부터 조사 의뢰를 받은 거라면 결과를 정리하고 이에 대한 간단한 해석은 너무나 자연스럽다. 그런데 그게 아니라 기업 내부 경영진에게 보고하는 것이라면 담당자인 나의 결론이 포함되어야 한다. 나아가 결론으로 의사결정자를 설득해야 한다. 설득을 잘하려면 메시지 표현 능력이 있어야 한다.

결과가 아니라 결론 도출하기

어느 매장의 고객 메일 수신 여부(등록/비등록)와 방문 횟수

를 분석한 자료가 있다.[1] 등록 고객의 매장방문 평균 횟수
는 12.1회(여성 6.3, 남성 5.8)이고, 비등록고객의 매장방문 평
균 횟수는 9.7회(여성 4.1, 남성 5.6)로 분석되었다. 분석 결과
메일 수신을 등록한 사람이 더 자주 매장을 찾은 것으로 나
타났다. 그런데 남성 고객은 메일 수신 여부와 상관없이 방
문 횟수가 비슷한 반면, 여성 고객은 메일 수신을 등록한 고
객의 방문 횟수가 그렇지 않은 고객에 비해 월등히 높았다.

이 결과로 어떤 의사결정이 가능할까? 앞서 얘기한 것
처럼 조사 '결과'만 제시했다면 보고받고 있는 의사결정
자는 아마도 "그래서 어떻게 해야 한다는 건가요?"라고
되물었을 것이다. 보고자(혹은 담당자)라면 데이터 분석의
결과로 무엇을 알게 되었는지 결론을 함께 제시해야 한
다. "메일링 서비스는 방문 횟수 증가에 효과적입니다. 특
히 여성 고객에게는 효과적이지만 남성 고객에게는 그렇
지 않습니다."라고 보고했다면, 의사결정자는 "앞으로 메
일링 서비스를 계속 추진하되 여성 고객 중심으로 진행하
세요"라고 바로 지시했을 것이다.

데이터를 활용한다는 의미는 판단과 행동으로 이어지
는 결과물이 제시된 상태 즉, 결론을 갖추고 있어야 한다.
따라서 데이터 활용을 위해서 필요한 것은 결과가 아니라

---

1 카시와기 요시키(2021), 〈데이터 문해력〉, 강모희 역, 프리렉.

결론이다. 결론은 데이터를 기반으로 도출되어야 한다. 데이터 분석의 결과를 의사결정의 책임을 회피하는 수단으로 이용하는 것이 아니라 비즈니스에 새로운 변화를 이끌어 가치를 창출하는 증거로 활용해야 한다.

간혹 데이터 분석의 결과가 나왔고 결과에 따라 의사결정을 했기 때문에 나는 아무런 책임이 없다, 이렇게 생각하는 사람이 있다. 다시 한 번 강조하지만, 의사결정은 데이터 분석의 결과를 따라 하는 것이 아니라 의사결정자의 판단으로 하는 것이다. 당연히 의사결정자는 의사결정에 대한 책임을 진다. 이는 데이터 기반의 의사결정이든, 주먹구구식의 의사결정이든 마찬가지이다. 데이터는 의사결정을 현명하게 할 수 있도록 돕기 위한 수단에 불과하다. 이 사실을 절대 잊어서는 안 된다.

결론 도출 과정에서 주의할 점은 필요 이상으로 자신의 해석을 넣지 말아야 한다는 것이다. 데이터 분석을 통해 추론도 하고 예측도 한다. 추론과 예측은 자신의 해석이 아니라 통계적인 의미와 해석이다. 그러므로 데이터를 통해 알 수 있는 범위 내에서만 결론을 도출해야 한다. 앞서 우리는 어느 호텔 고객들이 남긴 리뷰 데이터를 갖고서 텍스트 마이닝(형태소 분석)을 했다.[2] '불편'이라는 단어

---

2   2부 11장에서 형태소 분석과 호텔리뷰 텍스트 데이터 분석에 대한 상세

가 가장 많이 언급되었다. 이를 두고 고객의 불편 제기가 시설 노후화 때문이라고 결론을 내린다면 이는 추론이 아니라 나의 생각이다. 그럴 것이라는 막연한 가정을 갖고서 분석 결과를 위장한 것이나 다름 없기 때문이다. 원본 데이터를 확인해서 불편이란 단어 앞뒤로 어떤 단어들이 있는지 살펴야 한다. 그리고 어떤 맥락에서 나온 것인지도 체크해야 한다. 불편이라고 적었지만 실은 교통 불편을 의미하는 것일 수도 있다. 멋대로 자신의 생각을 덧붙이는 결론을 내리게 되면 엉뚱한 데이터 분석이 된다.

데이터로 표현하기

데이터로 누군가를 설득하기 위해서는 전달하고자 하는 메시지를 다시 데이터로 표현하는 역량이 있어야 한다.

첫 번째 원칙은 메시지가 잘 전달되도록 하는 것이다. 데이터 하나하나를 자신의 메시지에 맞게 표현해야 상대를 설득하기 쉽다. 그리고 무엇보다 틀리지 않는 것이 중요하다. 예를 들어, 원형(파이) 차트의 부분 합은 항상 100%가 되어야 한다. 만약 어떤 보고서에 100%가 되지

설명 참고

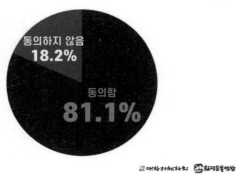

4대강 보 처리 방안에 대한 의견(보고서 p.21)

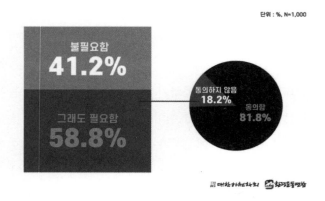

문제가 해결될 경우에 대한 의견(보고서 p.25)

데이터 마인드 기르는 습관

않는 원형 차트가 있다면 해당 보고서는 신뢰할 수 없다. 4대강 보 해체를 동의함이 81.1%, 동의하지 않음이 18.2%로 제시된 원형 차트가 있다. 이 차트는 합이 100%가 안 되고, 0.7%가 부족하다.[3] 과연 이 보고서를 신뢰할 수 있을까? 누구나 실수를 한다지만, 자칫 치명적 실수가 되면 애써 조사해 놓고 엉뚱한 결론을 내리거나, 아무도 설득하지 못하는 분석이 된다.

두 번째 원칙은 적합하게 표현되어야 한다는 것이다. 간혹 차트와 설명이 다른 경우가 있다. "KBO 리그 선수 평균 연봉 15% 급감 왜?"라는 어느 신문의 기사에 딸린 차트에는 KBO 리그 선수 연봉 순위가 제시되어 있다.[4] 기사의 제목은 "급감 왜?"라고 되어 있는데, 엉뚱하게도 연봉 순위가 나열되어 있는 차트가 제시되고, 메시지 확인은 안 된다. 기사 제목을 "최고 연봉 선수는 누구?"라고 하거나, 아니면 기사 제목에 맞는 급감의 이유에 해당하는 차트를 제시해야 정상이다. 의도적이었는지는 모르겠지만 잘못 작성된 기사로 밖에 볼 수 없다.

세 번째 원칙은 강력하게 표현해야 한다는 것이다. 강력하게 표현하려면 뾰족해야 한다. 메시지가 뾰족해지려면

3   환경운동연합, "4대 강 보 해체 방안 발표에 따른 국민 여론조사", 2019.5.9., https://bit.ly/3SFzRFM
4   경향신문, "KBO리그 선수 평균 연봉 15% 급감 왜?", 2021.03.04.

KBO리그 선수 평균 연봉 15% 급감 왜?

입력 : 2021.03.04 22:11 | 수정 : 2021.03.04 22:14 하경환 기자

고액연봉자 박용택·김태균 은퇴
양현종·김하성은 메이저리그로
코로나19도 삭감에 상당한 영향

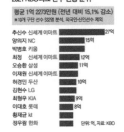

2021 KBO 리그 선수 연봉순위

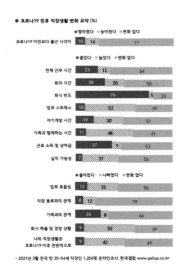

코로나19 전후 직장생활 변화 요약

정보의 양이 너무 많으면 안 된다. 하나의 메시지에 하나의 차트만 제시하는 것이 가장 좋다. 물론 그렇게 하기에 어려울 때도 있다. 이런 경우에는 내용을 메시지 중심으로 나눈 다음 보고서를 만들어야 한다. 무슨 말이냐 하면, 〈코로나19 전후 직장 생활 변화〉라는 제목의 보고서를 작성하면서 "코로나19 이전보다 업무 스트레스가 52% 늘었다"로 메인 메시지로 뽑았다. 그런데 차트에서는 총 14문항에 대한 결과가 제시되고 첫 번째 문항으로 "코로나19 이전보다 출근 시각이 변화 없다 77%"로 표시했다.[5] 차트를 보면 오히려 출근 시각에 변화가 없다는 메시지가 더 큰 변화처럼 보인다. 업무 스트레스 증가에만 집중해서 차트를 정리하는 것이 더 나았을 것이다. 이처럼 너무 많은 정보는 메시지를 불분명하게 할 뿐만 아니라 메시지를 강하게 어필하는 데에도 방해가 된다.

데이터로 설득하기

잘 표현했다면, 이제는 설득해야 한다. 의사결정에 관여하는 이해관계자(동료, 상사, 최고경영자 등)를 철저하게 분석하

---

5   한국갤럽, GallupReport(20210329)_직장인_코로나19전후변화, https://bit.ly/3ESL1ST

여 맞춤형으로 설득해야 한다. 동료를 설득하는 거라면 편안하게 줄임 말로 해도 된다. 친숙한 표현을 사용하는 편이 더 용이할 수 있다. 이때는 자주 공유하는 표현, 전문 용어, 줄임말, 속어 등을 사용해도 괜찮다. 하지만 관리자나 상사 혹은 고객을 대상으로 한다면 확신을 심어줄 수 있는 데이터와 결과를 첨부하고, 적합한 용어를 사용해야 한다. 한마디로 그들 입장에서 생각하고 충분히 이해할 수 있게 쉽게 설명해야 한다.

최고경영자를 설득하고자 한다면 요점만 간결하게 말해야 한다. 한눈에 간략하게 훑어볼 수 있게 하는 것이 핵심이다. 만약, 30분 발표라면 15분은 Q&A 시간으로 생각하고 이에 대한 준비가 필요하다. 예상 질문을 미리 뽑아보고 리허설을 해보는 것도 중요하다. 경영자 스타일에 맞춰 소통해야 설득 가능성도 높아진다. 만약 경영자가 대면보다는 서면 보고를 좋아하고 시각적 요소를 좋아하지 않는다면 문자 메시지나 이메일 중심으로 간단히 보고하면 된다. 굳이 시각화에 시간을 쓸 이유는 없다. 간단명료하게 짜임새 있는 문장으로 구성해야 하는 것은 당연하다.

정리해보자. '결과'는 데이터 분석을 통해 나온 결과물이며, '결론'은 분석의 결과가 조사 혹은 사업 목적에 비춰 어떤 의미가 있는지 설명하는 것을 말한다. 우리가 그동안 배우고 공부한 것도 결국에는 데이터 분석으로 '결과'가 아닌 '결론'을 만들기 위함이다. 정확한 결론 도출을 위해서는 문제를 발굴하는 힘, 올바른 분석 방법과 도구를 결정하는 힘, 결과를 해석하는 통찰력을 필요로 한다. 그리고 결론을 갖고서 타인을 설득하기 위해서는 시각화의 중요성도 잊어서는 안 된다. 꼭 시각화 필요성이 없다면, 간단명료한 워딩으로 핵심을 재빨리 간파하도록 뽑아내는 것이 중요하다. 이런 일련의 과정이 차례차례 유기적으로 돌아갈 때 데이터 분석에도 성공할 수 있다. 데이터 마인드는 이 모든 것을 관할하는 힘이다.

데이터 마인드로 통찰력을 길러라

비즈니스 현장에서 사용하는 우리의 언어는 데이터다. 데이터로 커뮤니케이션 하기 위해서는 나뿐만이 아니라 함께 일하는 동료도 데이터 마인드를 갖고 있어야 한다. 이처럼 나의 비즈니스 파트너 혹은 협업 파트너와 대화가 될 수 있도록 다리를 놓는 역할을 하는 것이 데이터다. 통찰은 이러한 습관이 일반화될 때 자연스럽게 길러진다.

데이터는 팩트가 아니다. 팩트라고 생각한다면 큰 오류를 범할 수 있다. 사실과 진실은 엄연히 다름에도, 사실을 진실로 믿게 할 수 있는 것이 데이터다. 하지만 데이터는 얼마든지 조작될 수 있기 때문에 데이터를 진실로 믿으면 안 된다. 데이터 이면의 현실을 통찰하는 것이 그래서 중요하다.

빅데이터 시대에 살고 있는 우리들이 직면한 세상은 수많은 데이터로 이루어진 디지털 세계다. 모든 것을 데이터만으로 이해한다면 너무나 건조한 삶이 될 것이다. 인간이 인간인 이유는 데이터 속에 숨어있는 감정과 감성을 읽을 수 있고, 데이터 이면에 있는 진짜 현실을 알 수 있기 때문이다.

그래서 데이터 이면의 보이지 않는 감정과 감성까지 읽어 내고 새로운 가치를 만들어 내는 데이터 마인드가 중요하다. 데이터라는 렌즈로 세상을 통찰하고, 이를 통해 복잡다단한 현상에 대한 바르고 정확한 지식을 얻는 것이 중요하다. 결과적으로는 이를 지렛대 삼아 우리에게 주어진 문제를 해결해야 하는 것이 중요하다.

마지막으로 한 번 더 정리해보자. 데이터 마인드를 기르기 위해서는 세 가지 습관이 필요하다.

첫째, 현상에서 데이터를 발견해야 한다. 일상의 모든 상황과 순간들을 데이터로 저장한다고 할 때 어떻게 이를 수집할 것인가를 항상 생각해야 한다. 즉, 모든 걸 데이터화 할 수 있어야 한다(그렇게 할 수 있다고 생각해야 한다).

둘째, 현상을 제대로 이해해야 한다. 데이터 분석에 대한 기본 지식을 습득해야 한다. 조사방법론과 통계에 대한 기초지식, 데이터 분석 도구에 대한 이해가 필요하다. 자동차의 구조를 알면 응급한 상황에서 어느 정도 빠른 대처를 할 수 있듯 데이터 분석에 대한 메커니즘을 알면 어떤 문제에 직면했을 때 과학적인 문제 해결 접근법을 찾을 수 있다.

셋째, 현상을 개선할 수 있어야 한다. 데이터를 기반으로 문제를 해결한다는 것은 기존의 상황보다 개선된 결과를 얻을 수 있는 의사결정을 하고, 보다 높은 가치를 창출한다는 의미이다. 모든 문제를 데이터로 해결할 수 있는 것은 아니지만, 해결하고자 하는 의지를 갖고서 문제에 접근한다면 생각하는 것보다 훨씬 더 많은 것을 해결할 수 있다.

프롤로그에서 언급했던 문장을 다시 상기하며 책을 마치려고 한다. "데이터를 현명하게 다루기 위해서는 생각하고, 생각하고, 또 생각해야 한다. 그리고 연습하고, 연습하고, 또 연습해야 한다." 직면한 문제에 대한 지식을 데이터에서 얻고, 더 나은 해결책을 찾는 통찰을 데이터 마인드로 길러야 한다. 생각하고 연습하면 데이터로 통찰력을 발휘할 수 있다. 직장인이라면 누구나 데이터 마인드를 기르는 습관을 가져야 하는 이유이다.

참고

더 읽어보기

1 챗GPT를 활용한 데이터 분석

인공지능의 새로운 시대가 열렸다. 오픈AI의 챗GPT^{Chat} Generated Pre-trained Transformer, 구글의 바드^{Bard}, 마이크로소프트의 빙챗^{Bing Chat}, 그리고 네이버의 CLOVA X 등의 생성형 AI^{Generative AI}가 그 주인공이다. 네이처는 2023년 한 해 동안 과학 분야 주요 발전과 놀라운 발견을 한 10명과 함께 'ChatGPT'를 선정했다. 인간이 아닌 컴퓨터 프로그램을 선정한 것은 이번이 처음이다. 세계 최대 정보기술·가전 전시회인 CES 2024에서도 인간의 삶을 변화시킬 인공지능 기술의 향연이 펼쳐졌다.

우리 발아래 도착한 인공지능을 데이터 분석에서는 어떻게 활용할 수 있을까? 앞으로 펼쳐질 인공지능 시대에 데이터 분석은 또 어떤 모습으로 변할까?

생성형 AI를 글쓰기나 이미지 생성 등 다양한 용도로 사용하고 있지만, 여기서는 생성형 AI의 대표격인 챗GPT를 중심으로 데이터 분석을 해보고자 한다. 물론 챗GPT만 고집할 이유는 없다. 분석 목적을 수행하는 데 도움이 된다면 어떤 AI를 사용하든 상관없다. 열거한 바드나 빙챗, CLOVA X 등도 무료로 사용할 수 있다. 물론 각 서비스가 제공하는 결과는 다르다. 그래서 하나가 아니라 여러 AI를 함께 사용하는 걸 추천한다.

　앞서 2부에서 현업 실무자가 노코드no code로 데이터 분석을 하는 방법을 살펴보았다. 코딩을 하지 않고 분석할 수 있다고 했지만, 실제 '엑셀 데이터 분석' 'KESS' '파워 쿼리' '파워BI' 등의 소프트웨어에 익숙하지 않으면 이 역시 사용하는 데 어려움이 있다. 스스로 극복할 수밖에 없다. 열거한 데이터 분석 도구 역시 비교적 사용하기 쉽다고는 하지만 숙련의 과정을 반드시 필요로 한다. 마찬가지로 데이터 마인드가 없고, 분석에 대해 아는 게 없고, 도구를 익히겠다는 마음과 연습의 자세가 없다면, 아무리 챗GPT의 시대가 되었다 해도 제대로 이용하기 어렵다.

　챗GPT는 때로는(아직은) 거짓말을 잘한다(오류가 많다). 아래 내용에서도 그런 오류를 보여주고 어떻게 쓰면 좋을지 설명하고자 했다. 몇몇 오류가 있음에도 챗GPT는 꽤 많은 문제 해결을 도와준다. 통계에 대한 지식이 부족하다면 그것부터 하나씩 물어볼 수도 있고, 내가 가진 문제를 알려주고 어떻게 조사하면 좋을지 계획을 물어봐도 좋다. 그렇게 하나씩 차근차근 밟아가는 것이 중요하다.

챗GPT를 활용한 시장조사와 데이터 분석

챗GPT를 이용하기 위해서는 오픈AI(chat.openai.com) 웹사이트를 방문하고 회원가입(무료)부터 해야 한다. 그리고 프롬프트 창(명령어를 입력할 수 있는 공간)에 내가 해결하고자 하는 문제(나아가 데이터)를 입력하고 요청하면 된다.

챗GPT는 영어로 질문하고 답변할 때 더 좋은 결과를 얻을 수 있다. 하지만 한글로 질문하고 한글로 답변을 받아도 훌륭한 결과물을 얻을 수 있다. 크롬 브라우저 확장 앱으로 '프롬프트 지니'를 설치하면 한글로 질문해도 영어로 자동 번역을 해준다. 구글에서 검색 후 확장프로그램으로 크롬 브라우저에 추가하면 된다.

이제 하나씩 분석 과정을 따라가 보자. 예를 들어 프롬프트에 다음과 같이 입력한다.

챗GPT의 메인페이지 및 프롬프트 지니[1]

> You
>
> 한국의 1인가구 현황에 대한 통계를 찾아보고 분석해줘.

이 질문에 대한 챗GPT의 답변은 다음과 같다.

> ChatGPT-3.5
>
> 2022년 1월 마지막 지식 업데이트를 기준으로 대한민국 1인 가구 현황

---

1 챗GPT, https://chat.openai.com

에 대한 일반적인 통계 및 정보를 제공할 수 있게 되었습니다. 그러나 이 수치는 이후 변경되었을 수 있다는 점에 유의하시기 바랍니다. 최신 정보를 얻으려면 공식 출처, 연구 기관 또는 정부 기관의 최신 보고서 및 데이터를 참조하는 것이 좋습니다. 다음은 몇 가지 핵심 사항입니다.

1. 1인 가구 증가: 한국에서는 최근 몇 년간 1인 가구가 크게 증가했습니다. 이러한 추세에 기여하는 요인으로는 사회적 태도 변화, 결혼 지연, 도시화, 경제적 요인 등이 있습니다.

2. 1인 가구 비율: 통계청 자료에 따르면 2020년 1인 가구는 우리나라 전체 가구의 약 30%를 차지했습니다.

3. 연령 그룹: 1인 가구는 특정 연령층에 국한되지 않고 청년층, 중장년층, 노인층에서 많이 발생합니다. 독립적인 삶을 선택한 청년 직장인과 노인들이 1인 가구의 성장에 기여합니다.

4. 주택 유형: 1인 가구는 아파트, 원룸(오피스텔), 공유주택 등 다양한 형태의 주택을 점유할 수 있습니다.

5. 도시 대 시골: 1인 가구는 고용 기회와 편의 시설을 더 쉽게 이용할 수 있는 도시 지역에서 더 흔합니다.

6. 정부 정책: 한국 정부는 저렴한 주택 옵션, 사회 지원 프로그램 등 1인 가구의 필요와 과제를 해결하기 위한 정책과 이니셔티브를 도입했습니다.

7. 경제적 영향: 1인 가구의 증가는 주택 수요, 소비자 행동, 주택 시장에 영향을 미치기 때문에 경제적 영향을 미칠 수 있습니다.

지역별 분류, 구체적인 인구통계정보 등 국내 1인 가구에 대한 가장 최신의 상세한 통계를 얻으려면 통계청(KOSTAT) 등 공식 출처와 인구통계학 전문 연구기관의 보고서와 간행물을 참고해야 합니다. 주택 연구. 이러한 소스는 인구통계학적 추세에 대한 최신 데이터와 분석을 제공합니다.

챗GPT의 특성상 같은 질문을 다시 하게 되면 다른 답을 내놓는다. 책에서 예시로 보여준 답변과 다른 답이 나올 수 있다.

챗GPT의 답변을 보면서는 오류가 있을 수 있다고 생각하면서 전반적인 흐름을 보는 것이 중요하다. 다른 분석과 마찬가지로 맥락을 읽고 통찰을 구하는 것이다. 그리고 추가적인 질문으로 보다 구체적인 정보를 얻어야 하는 것도 잊지 말아야 한다. 디테일하고 꼼꼼하게 물을수록 정확한(?), 내가 원하는 것에 가까운 답을 얻을 확률이 높아진다. 정답이 아니라 문제 해결을 위한 단서와 가이드를 얻는 차원이라면, 급여를 주지 않아도 되는 훌륭한 만능 비서를 두는 것과 같다.

만약 마케팅 프로모션 기획을 해야 하는데 A안과 B안 두 개의 시안을 준비했다고 가정해보자. 우리는 이미 실험설계와 A/B테스트 분석으로 문제를 해결할 수 있다는 것을 알고 있다. 그렇다면 챗GPT를 이용해서 이 문제를 풀고자 한다고 했을 때 어떻게 해야 할까? 먼저 프로모션 기획을 어떻게 하면 좋을지 챗GPT에 물어보자.

You

나는 마케터야. 데이터 분석에 대해 잘 몰라. 그런데 이번에 프로모션 기획을 해야해. 프로모션 기획안을 두개 즉, A안과 B안을 만들어 테스트를 하고 그 결과를 바탕으로 보고를 할 예정이야. 너는 데이터 분석 전문가야. 내가 어떻게 하면 좋은 기획서를 만들 수 있을까?

ChatGPT-3.5

데이터 분석 전문가가 아니더라도 프로모션 계획 수립 및 분석의 기본을 확실히 이해할 수 있도록 도와드릴 수 있습니다. 다음은 프로세스를 안내하는 몇 가지 단계입니다.

1. 명확한 목표를 정의하십시오: 프로모션 목표를 명확하게 정의하는 것부터 시작하세요. 무엇을 달성하려고 합니까? 판매 증가, 브랜드 인지도, 고객 확보 또는 다른 것입니까? 구체적인 목표를 갖는 것이 전체 계획의 지침이 됩니다.

2. 주요 지표 파악: 프로모션의 성공 여부를 측정하는 데 사용할 측정항목을 결정하세요. 일반적인 지표에는 판매 수익, 웹사이트 트래픽, 전환율, 고객 참여 및 투자 수익(ROI)이 포함됩니다.

3. 청중을 분류하십시오: 타겟 고객을 이해하고 인구통계, 행동, 위치, 과거 구매 내역 등 관련 기준을 기반으로 고객을 분류하세요. 이는 특정 그룹에 맞게 프로모션 계획을 맞춤화하는 데 도움이 됩니다.

4. A/B 테스트 계획: 플랜 A와 플랜 B라는 두 가지 별개의 판촉 계획을 만듭니다. 메시지, 시기, 사용된 채널 등 어떤 면에서 서로 다른지 확인하세요. 이를 통해 성능을 객관적으로 비교할 수 있습니다.

5. 기간 설정: 프로모션 기간을 정의하고 플랜 A와 플랜 B 모두에 대한 시작 및 종료 날짜를 지정합니다. 이렇게 하면 공정한 비교가 가능합니다.

6. 예산 할당: 리소스와 예상 결과를 기반으로 각 계획에 예산을 할당하세요. 테스트 중에 더 나은 성능을 발휘하는 계획에 더 많이 투자할 준비를 하십시오.

7. 프로모션을 실행합니다: 계획대로 플랜 A와 플랜 B를 모두 실행합니다. 프로모션 기간 동안 모든 관련 데이터를 추적하세요.

8. 데이터 수집: 앞서 식별한 주요 측정항목에 대한 데이터를 수집하세요. 여기에는 Google Analytics, CRM 시스템 또는 소셜 미디어 분석 플랫폼과 같은 도구를 사용하는 것이 포함될 수 있습니다.

9. 결과 분석: 프로모션 기간이 종료되면 수집된 데이터를 분석하세요. 계획 A와 계획 B의 성과를 목표 및 지표와 비교하세요. 필요한 경우 통계 테스트를 사용하여 둘 사이에 유의미한 차이가 있는지 확인하세요.

10. 결론 도출: 분석을 바탕으로 어떤 계획이 더 나은 성과를 거두었는지, 그 이유는 무엇인지에 대한 결론을 도출하세요. 하나의 계획이 더 많은 판매를 유도하고, 더 많은 참여를 유도하고, 더 높은 ROI를 달성했습니까? 결과 뒤에 숨은 이유를 이해하는 것이 중요합니다.

11. 정보를 바탕으로 결정을 내리세요: 분석에서 얻은 통찰력을 활용하여 향후 프로모션에 대한 정보에 입각한 결정을 내리세요. 성공적인 계획을 확대하거나, 조정하거나, 완전히 새로운 전략을 수립하는 것을 고

려해 보세요.

12. 보고 및 공유: A/B 테스트를 통해 얻은 결과와 통찰력을 요약한 보고서를 준비하세요. 이 보고서를 팀이나 경영진 등 관련 이해관계자와 공유하세요.

데이터 분석 전문가는 아닐 수도 있지만 다음 단계를 따르면 판촉 캠페인을 계획하고 평가하는 체계적인 접근 방식을 만드는 데 도움이 됩니다. 주저하지 말고 데이터 분석가나 데이터 지원 도구의 도움을 구하세요.

　

프로모션 기획서를 어떤 순서로 작성하면 될지 친절하게 설명해준다. 이 순서를 그대로 활용해 기획서를 작성해보면 다음과 같다(참고용 임을 밝힌다).

챗GPT 제안에 기반한 기획서(예시)

제목: 판매증대를 위한 최적 프로모션 방안 선택

1. 프로모션 목표 : 판매 증가

2. 주요 지표(측정항목) : 전환율

3. 타겟 고객 : 기존 이용객

4. A/B 테스트 계획: 마트에서의 판매 증대를 위한 할인 쿠폰 발행

(1)시안
- A안: 지정 금액(2천 원)으로 표기하는 가격할인쿠폰 지급(1만 원 이상
상품)
- B안: 할인율(20%)을 표기하는 할인율 쿠폰을 지급(3만 원 이하 상품)
(2)가설 설정
- 귀무가설(H0): 할인쿠폰의 종류에 따라 소비자들의 사용 의향에 차이
가 없을 것이다.
- 대립가설(H1): 할인쿠폰의 종류에 따라 소비자들의 사용 의향에 차이가
있을 것이다.

5. 테스트 설정: 1주

6. 예산 할당: 각 100개의 쿠폰 발행비 1,000,000원

7. 실험 실행: A안, B안 쿠폰을 매장의 서로 다른 입구에 비치하고 안내문
제시

8. 데이터 수집: A안, B안의 전환율(쿠폰을 지급받은 고객의 실제 구매 여
부, 회수된 쿠폰 확인)

9. 결과 분석: 테스트 기간이 종료되면 수집된 데이터를 분석하여 둘 사이
에 통계적으로 유의미한 차이가 있는지 확인

데이터 마인드 기르는 습관

10. 결론 도출: 분석을 바탕으로 어떤 대안이 더 나은 성과를 거두었는지, 그 이유는 무엇인지 결론 도출

11. 정보를 바탕으로 결정: 분석에서 얻은 통찰력을 활용하여 향후 프로모션에 대한 정보에 입각한 의사결정 추천

12. 보고 및 공유: A/B 테스트를 통해 얻은 결과와 통찰력을 요약한 보고서를 준비. 이 보고서를 팀이나 경영진 등 관련 이해관계자에게 보고 및 공유

위 기획서로 내부 컨펌을 받고, 실제 테스트를 진행하고 데이터를 수집했다고 가정해보자. 이제 분석 차례가 남았다. 분석은 챗GPT에게 부탁해보자. 두 개의 안으로 데이터를 수집했기 때문에 T-test를 하면 된다. 엑셀에서 데이터 전처리를 했다고 가정하고, 수집한 데이터를 챗GPT의 프롬프트에 복사해 넣고 분석 요청을 하면 된다.

You

아래는 A/B 테스트를 위해 수집한 데이터다. Group(A/B)는 범주형으로 집단이고 P.사용의향은 수치형으로 얻은 값이다. 이 데이터를 분석해줘.
- 아래 -
Group(A/B) P. 사용의향
A 0
A 1

```
A   0
A   1
....
```

ChatGPT-3.5

틀림없이 A그룹과 B그룹을 제품이나 서비스 사용의도(P.사용의도)를 기준으로 비교하는 A/B테스트를 진행하고 있는 것으로 보입니다. 데이터에 대한 기본 분석은 다음과 같습니다.

그룹 A
관찰 횟수: 100
평균 사용의도 : 0.29(29%)

그룹 B
관찰 횟수: 100
평균 사용의도 : 0.69(69%)

전반적인
총 관찰 수: 200
전체 평균 사용의도 : 0.49(49%)

분석: 그룹 B는 그룹 A(29%)에 비해 평균 사용 의향(69%)이 더 높습니다. 두 그룹 모두에서 전체 평균 사용 의향은 약 49%입니다.

결론: 이러한 기본 분석에 따르면 그룹 B는 그룹 A에 비해 사용 의도가 더 높은 것으로 보입니다. 이 차이가 통계적으로 유의한지 확인하기 위해 추가 통계 분석(예: t-테스트 또는 카이제곱 테스트)을 수행할 수 있습니다.

이는 단순한 설명 분석이며, 고급 통계 기술과 더 큰 데이터 세트에 따라 해석이 변경될 수 있습니다. 구체적인 질문이 있거나 특정 분석을 수행하고 싶다면 언제든지 알려주시기 바랍니다.

기본적인 분석이 이루어졌다(여기까진 우리도 배운 걸 활용한다면, 손쉽게 할 수 있다). 그런데 결론에서 챗GPT는 추가 분석의 필요성을 제안했다. 즉, T-테스트의 필요성을 요청했다. 다시 한번 질문을 해보자.

You

T-test로 통계적 유의성을 검정하고 결론을 도출해줘.

ChatGPT-3.5

그룹 A와 그룹 B 간의 평균 차이의 통계적 유의성을 테스트하기 위해 독립 표본 t-검정을 수행할 수 있습니다. 이는 표본이 독립적이고 정규 분포에서 나온다고 가정합니다. 단계와 결과는 다음과 같습니다.

T-테스트: python code 생략

결론:

t-통계량은 데이터 포인트의 분포를 기준으로 두 그룹의 평균이 얼마나

멀리 떨어져 있는지를 측정한 것입니다. p-값은 귀무가설이 참이라고 가정할 때(즉, 모집단 평균이 동일함) 표본에서 계산된 것만큼 극단적인 t-통계량을 관찰할 확률입니다.

- T-통계량: -8.268
- P-값: 2.0804e-14(0에 매우 가까움)

이렇게 작은 p-값(0.05와 같이 일반적으로 사용되는 유의수준보다 훨씬 작음)을 사용하면 귀무가설을 기각합니다. 이는 A그룹과 B그룹의 이용 의도에 통계적으로 유의미한 차이가 있음을 시사합니다.

결론적으로 T-test 결과를 보면 A그룹과 B그룹의 사용의도가 크게 다르다는 것을 뒷받침하는 증거가 있습니다.

통계적 유의성 검정을 하는 과정을 파이썬 코드로 보여주고 분석의 결과를 제시한다(##부분은 지면상 생략되는 부분으로 필자가 표기한 것임). T-test 분석 결과, p-값이 유의수준보다 작아 귀무가설을 기각하게 되는데 통계적으로 유의미한 차이가 있다고 나왔다. 그런데 p-값이 지수로 나타나 이해가 어렵고, 각 안의 평균값을 모르기 때문에 어느 안이 더 좋은지 구분이 되지 않아 추가 분석을 요청했다.

You

결과에서 p-값을 지수가 아니라 실수로 나타내주고 각 그룹의 평균을 구해줘.

ChatGPT-3.5

업데이트된 결론:

- T-통계량: -8.268
- P값: 0.0000000000000021(대략)
- A그룹 평균 사용의도 : 0.29(29%)
- B그룹 평균 사용의도 : 0.69(69%)

이제 p-값이 실수로 표시되고, 각 그룹의 평균이 계산되어 결과에 포함됩니다. 결론은 동일합니다. A그룹과 B그룹의 사용 의도에는 통계적으로 유의미한 차이가 있습니다.

정리하면 유의확률(p-값)이 0.000로 유의수준(p<0.05) 값보다 작기 때문에 대립가설을 채택한다. 즉, 유의수준 5%(신뢰수준 95%)에서 할인쿠폰에 따른 사용 의향에 차이가 있다. B안의 평균이 0.69로 A안 보다 높기 때문에 B안이 더 좋은 것으로 나타났으며 통계적으로 유의하다. 다시금 지금까지의 분석 결과를 표로 보여줄 것을 요청했다.

챗GPT의 분석결과 보고서

이제 이 분석결과를 바탕으로 내부 보고서를 완성해서 보고하면 된다. 결론은 B안이 더 좋기 때문에 본격적인 프로모션은 B안, 즉 '할인율(20%)을 표기하는 할인율쿠폰을 지급'으로 결론을 제시하면 된다.

이 결과를 믿어도 될까? 인공지능이 분석한 만큼 신뢰해도 될까? 의심을 갖고서 엑셀+KESS로 다시 점검해보았다. 그 결과 평균값에 약간의 차이가 있었다. 응답 케이스는 정확하지만 분석 과정에서 약간의 오류가 있었다(챗GPT를 100% 신뢰해서는 안 되는 이유다). 버전의 문제일 수도 있을 것 같아서, 유료 버전인 챗GPT4.0으로 동일한 분석을 진행해보았다. 이번에는 검증했던 것과 동일한 결과가 나왔다.

ChatGPT-4.0

A/B 테스트 데이터를 분석한 결과 다음과 같은 인사이트를 얻을 수 있었습니다:

'P. 사용 의향'의 평균:
그룹 A: 0.34
그룹 B: 0.71

T-테스트 결과:
T-통계: -5.61
P-값 : 6.68×10-86.68×10-8

그룹 A와 그룹 B 간의 유의미한 평균 차이와 매우 작은 p-값(일반적인 임계값인 0.05보다 훨씬 낮음)은 두 그룹 간의 'P. 사용 의향'에 두 그룹 간에 통계적으로 유의미한 차이가 있음을 나타냅니다. 이는 그룹 B에서 테스트된 어떤 변화나 변수가 그룹 A에 비해 참가자의 사용 의도에 눈에 띄는 영향을 미쳤음을 의미합니다.

실수로 표시되는 A/B 테스트 분석의 p-값은 약 0.00000007입니다.

변수명	개수	평균	표준편차
A	100	0.34	0.4761
B	100	0.71	0.456

등분산 검정

자유도	F 값	유의확률
(99 , 99)	1.0898	0.6695

"H0:두 표본의 분산들이 서로 같다."를 유의수준 α=0.05에서 기각할 수 없다.
※유의확률이 유의수준보다 큰 경우에는 등분산 결과를 사용하는 것이 좋다.

$H : \mu_1 = \mu_2$ vs. $K : \mu_1 \neq \mu_2$ (μ_1 : A, μ_2 : B)

분산	t-통계량	자유도	유의확률
등분산	−5.6122	198	0
이분산	−5.6122	197.6347	0

95% 신뢰구 하한		상한
등분산	−0.5	−0.24
이분산	−0.5	−0.24

할인쿠폰에 대한 T-test 분석 결과(KESS)

ChatGPT 4의 메인화면 및 파일 업로드

데이터 마인드 기르는 습관

ADA로 데이터 분석의 날개를 달자

챗GPT는 현재(2024년 1월) 기준 무료 버전(3.5)과 유료 버전 (4.0)이 있다. 앞으로 계속 업그레이드 될 것이다. 향후 데이 터 분석을 포함하여 좀 더 전문적인 도움을 받고자 한다면 유료 버전을 구독하고 자주 활용해보는 연습을 해보는 것 이 좋다. 그렇게 하면, 파이썬을 모르더라도 데이터 분석을 하는데 있어서 큰 장벽을 가볍게 넘을 수 있다.

유료인 'ChatGPT Plus'를 구독하게 되면 고급 데이터 분석ADA, Advanced Data Analysis(구 명칭: Code Interpreter) 기능을 사 용할 수 있다. 이제 코딩은 챗GPT에게 맡기고 우리는 데 이터에 숨은 의미를 찾는 데 집중하면 된다. ADA는 사용 자가 입력한 정보를 파이썬으로 분석해서 답변을 제공하 는 챗GPT의 기능이다.

챗GPT에 로그인 하여 챗GPT 4 를 선택하면 입력 대화 창 앞쪽에 파일첨부 아이콘이 있다. 이 아이콘을 클릭하 면 탐색기를 통해 원하는 파일을 찾아 업로드할 수 있다. 엑셀 파일, CSV 파일, 구글 시트 등을 업로드하여 데이터 를 추출하고, 파이썬 코드를 자동으로 생성하고, 해당 데 이터에 대한 분석을 할 수 있다. 파이썬 코드는 숨겨져 있 어서 활성화하면 볼 수 있고 복사도 가능하다. 이외에도 오디오, 비디오, 텍스트, 문서 형식, 데이터베이스 파일, 코딩 파일 등 다양한 형식이 지원된다. 업로드 파일은 파일 당 512MB 까지 가능하다. 한번 첨부한 파일은 오랜 시간 대화를 하지 않으면 서버에서 비활성화되어 사라진다. 하나의 대화를 시작하면 원하는 분석을 끝까지 수행하여 보고서를 끝까지 마무리하는 편이 좋다.

내친 김에 챗GPT 4.0도 한 번 사용해보자. 먼저 데이터 파일을 업로드하고(coupon AB test(data).xlsx). 어떻게 분석해야 하는지 질문한다.

You

제공한 데이터는 A/B테스트 데이터야.
- A안: 지정 금액(2천 원)으로 표기하는 가격할인쿠폰 지급(1만 원 이상 상품)
- B안: 할인율(20%)을 표기하는 할인율 쿠폰을 지급(3만 원 이하 상품)
- 귀무가설(H0): 할인쿠폰의 종류에 따라 소비자들의 사용 의향에 차이가 없을 것이다.
- 대립가설(H1): 할인쿠폰의 종류에 따라 소비자들의 사용 의향에 차이가 있을 것이다.
데이터에서 Group(A/B) 변수는 범주형이고 P. 사용의향은 측정값인데, 어떤 방법이 있는지 추천해 주고 분석을 통해 통계적 가설검정을 실시해 주고 분석결과를 바탕으로 결론을 제시해줘.

이 요청에 챗GPT는 다양한 분석 기법을 제안하고 실제 결과도 보여준다. 파이썬 코드를 작성하고 수행하는 과정에서 아이콘으로 'Analyzing'이 표시되면서 진행이 된다.

ChatGPT-4.0

제공된 데이터를 기반으로 A/B 테스트를 분석하기 위한 통계적 접근 방법은 다음과 같습니다:

카이제곱 검정 (Chi-squared Test): 이 방법은 이미 사용했습니다. "Group(A/B)"는 두 그룹(A와 B)으로 구성된 범주형 변수이고, "P. 사용의향"은 이분법적인 측정값(0 또는 1)을 가집니다. 카이제곱 검정은 이러한 범주형 데이터에 적합하여 두 그룹 간의 차이가 통계적으로 유의한지 평가합니다.

로지스틱 회귀분석 (Logistic Regression): 이는 종속변수가 이진(0 또는 1)인 경우 적합한 분석 방법입니다. "P. 사용의향"을 종속변수로, "Group(A/B)"를 독립변수로 사용하여 두 그룹 간의 관계를 분석할 수 있습니다. 이 방법은 변수 간의 관계를 더 자세히 파악할 수 있으며, 예측 모델로도 활용할 수 있습니다.

맨-휘트니 U 검정 (Mann-Whitney U Test): 이는 두 독립된 표본 간의 중앙값 차이를 비교하는 비모수적 통계 검정 방법입니다. 그러나 이 경우는 "P. 사용의향"이 이분형 데이터이므로 이 방법은 적합하지 않을 수 있습니다.

분석을 진행하겠습니다.

카이제곱 검정의 결과는 다음과 같습니다:

우발성 테이블:
그룹 A(고정 금액 할인): 66명의 참가자가 쿠폰을 사용할 의사가 없었고,
34명이 쿠폰을 사용할 의사가 있었습니다.
그룹 B(할인율): 29명의 참가자는 쿠폰을 사용할 의향이 없었고, 71명은
쿠폰을 사용할 의향이 있었습니다.

카이제곱 통계: 25.985
자유도: 1
p-값 3.44e-07

예상 빈도(그룹과 쿠폰 사용 의향 사이에 연관성이 없는 경우):
두 그룹 모두에서 쿠폰을 사용할 의향이 없는 참가자의 예상 수는 47.5명
이고, 쿠폰을 사용할 의향이 있는 참가자의 예상 수는 52.5명입니다.
p-값(3.44e-07)은 일반적인 알파 수준인 0.05보다 상당히 낮습니다. 이
는 참가자들의 할인 쿠폰 사용 의향에 있어 그룹 A와 그룹 B 간에 통계적
으로 유의미한 차이가 있음을 나타냅니다.

따라서 귀무가설(H0)을 기각하고 할인쿠폰의 유형(플랜 A: 정액 할인 vs.
플랜 B: 할인율)에 따라 소비자의 할인쿠폰 사용의도에 유의미한 차이가
있다는 결론을 내릴 수 있습니다.

로지스틱 회귀분석 결과는 다음과 같습니다:

- **계수(Coefficient)**: 1.427
- **절편(Intercept)**: -0.600
- **오즈 비(Odds Ratio)**: 4.168

이 결과는 "Group(A/B)" 변수가 "P. 사용의향"에 미치는 영향을 나타냅니

다. 오즈 비는 B 그룹(할인율 쿠폰)이 A 그룹(가격 할인 쿠폰)에 비해 쿠폰을 사용할 확률이 약 4.17배 더 높다는 것을 의미합니다. 이는 B 그룹이 A 그룹에 비해 통계적으로 유의하게 더 많은 소비자의 사용 의향을 유발한다는 것을 시사합니다.

따라서 카이제곱 검정 결과와 함께 이 분석을 고려하면, 귀무가설(H0)을 기각하고 대립가설(H1)을 채택하는 것이 타당합니다. 즉, 소비자의 할인 쿠폰 이용의향은 쿠폰의 종류에 따라 차이가 있으며, 할인율 쿠폰(B안)이 가격 할인 쿠폰(A안)에 비해 더 높은 사용 의향을 유발하는 것으로 나타났습니다.

챗GPT가 제안한 카이제곱 검정과 로지스틱 회귀분석은 의외의 제안이었다. 보통은 두 집단이기 때문에 T-test를 실시하고, 경우에 따라서는 분산분석ANOVA으로 검정하는 것이 일반적이다. 하지만 데이터에서 종속변수에 해당하는 변수인 "P. 사용의향"이 0과 1로 되어 있어서 이런 제안을 한 것으로 판단된다. 사용한다(1)와 사용하지 않는다(0)의 응답을 받았기 때문에 챗GPT는 이산형 데이터로 파악하고 카이제곱 검정과 로지스틱 회귀분석을 수행한 것이다. 데이터의 유형을 감안하면 이렇게 분석해도 가능하다. 보통 수행하는 T-test와 ANOVA를 추가로 요청했다.

You

T-test 분석과 ANOVA 분석도 해줘.

ChatGPT-4.0

제공된 데이터를 바탕으로 T-test와 ANOVA 분석을 수행하기 전에, 이러한 통계적 검정 방법들의 적용 가능성과 한계에 대해 검토할 필요가 있습니다.

T-test: T-test는 두 집단 간의 평균 차이를 비교하는 데 사용됩니다. 이 경우 "Group(A/B)"가 두 집단을 구분하며, "P. 사용의향"은 이분법적인 변수(0 또는 1)입니다. 이분법적인 변수의 경우, T-test는 일반적으로 적합하지 않을 수 있습니다. 그러나 이 경우 "P. 사용의향"을 이분형 데이터로 보고 T-test를 수행해 볼 수는 있습니다. 이는 각 그룹의 응답 비율 평균을 비교하는 것과 유사합니다.

ANOVA (분산분석): ANOVA는 세 개 이상의 집단 간 평균 차이를 비교하는 데 사용됩니다. 현재 데이터에는 두 개의 그룹만 있기 때문에 ANOVA는 적합하지 않습니다. 그러나 추가적인 변수(예: 성별, 학력 등)를 고려하여 여러 그룹 간의 비교를 진행할 수 있습니다.

먼저, "Group(A/B)"에 따른 "P. 사용의향"의 평균 차이를 비교하기 위해 T-test를 수행하겠습니다. 그 후, 추가적인 변수를 포함하여 ANOVA 분석을 고려해 볼 수 있습니다.

T-test 결과는 다음과 같습니다:

t 통계량: -5.612

p-값: 6.68e-08

p-값이 0.05보다 훨씬 작으므로, 우리는 통계적으로 유의한 차이가 있다고 결론 내릴 수 있습니다. 이는 Group A(가격 할인 쿠폰)와 Group B(할인율 쿠폰) 사이에 "P. 사용의향"의 평균에 유의한 차이가 있다는 것을 의미합니다.

일원배치 분산분석(ANOVA) 결과는 다음과 같습니다:

F 통계량: 31.497

p-값: 6.68e-08

p-값이 0.05보다 매우 낮으므로, 이 결과는 두 집단(가격 할인 쿠폰 그룹 A와 할인율 쿠폰 그룹 B) 간의 평균 사용 의향에 통계적으로 유의한 차이가 있음을 나타냅니다. 따라서 귀무가설(H0)을 기각하고, 소비자의 할인 쿠폰 사용 의향은 쿠폰의 종류에 따라 차이가 있다는 대립가설(H1)을 채택할 수 있습니다.

지금까지의 데이터 분석 결과를 종합하면 할인율 쿠폰 그룹인 B안을 추천할 수 있다.

You

지금까지 분석한 T-test와 ANOVA의 결과를 테이블과 그래프를 포함하여 리포트 형식으로 보고해줘.

할인 쿠폰 사용 의향에 관한 통계적 분석 보고서

서론

본 보고서는 소비자의 할인 쿠폰 사용 의향에 대한 두 가지 유형(가격 할인 쿠폰 및 할인율 쿠폰) 간의 차이를 이해하기 위한 통계적 분석 결과를 제시합니다.

방법론

두 가지 통계적 검정 방법을 사용하였습니다:

1. **독립 표본 t-test**: 두 그룹 간의 쿠폰 사용 의향의 평균을 비교하기 위해 사용.
2. **일원배치 분산분석(ANOVA)**: 두 그룹 간의 평균 차이를 추가로 검증하기 위해 사용.

결과

t-test 결과

독립 표본 t-test는 가격 할인 쿠폰을 제공받은 그룹 A와 할인율 쿠폰을 제공받은 그룹 B 간의 할인 쿠폰 사용 의향을 비교하기 위해 실시되었습니다.

그래프: 그룹별 평균 할인 쿠폰 사용 의향

t-test 요약 표

그룹	평균 사용 의향	표준 편차	표본 크기
A	0.34	0.476	100
B	0.71	0.456	100

t-test 통계량:

- t 통계량: -5.612
- p-값: 0.0000000668

ANOVA 결과

두 그룹 간의 평균 차이를 비교하기 위해 일원배치 분산분석(ANOVA)이 실시되었습니다.

ANOVA 요약 표

변동 원인	F-통계량	p-값
그룹 간 차이	31.497	6.68e-08

결론

t-test와 ANOVA 분석 모두 두 그룹 간의 할인 쿠폰 사용 의향의 평균에 통계적으로 유의한 차이가 있음을 나타냅니다. 두 검정의 p-값은 0.05 기준보다 현저히 낮아, 할인율 쿠폰을 제공받은 그룹 B가 가격 할인 쿠폰을 제공받은 그룹 A에 비해 할인 쿠폰을 사용할 의향이 더 높다는 것을 시사합니다. 이러한 발견은 할인 쿠폰의 유형이 소비자 행동에 상당한 영향을 미친다는 것을 나타냅니다.

ChatGPT 4에서 분석한 결과 보고서

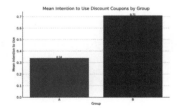

ChatGPT 4에서 분석한 결과 보고서(첨부.그래프)

이 요청에 응답한 내용을 바탕으로 보고서를 작성하면 다음과 같다. 실제 챗GPT 화면의 결과를 캡처했다. 보고서에 작성한 그래프는 이미지 파일로도 저장이 가능하다.

지금까지 챗GPT를 활용해 데이터 분석의 기획부터 실행까지 한 번에 할 수 있음을 확인했다. 그리고 이를 바탕으로 보고서까지도 작성해보았다. 다만 이런 과정까지 수행하려면 이 책 전체를 학습하고 데이터 분석에 대한 어느 정도의 지식을 갖고 있다는 것이 전제될 필요가 있다.

내 수준에서 챗GPT를 어떻게 활용할 수 있는지는 본인이 계속해서 프롬프트를 입력해보고 답을 받아보는 식의 연습을 해보면서 맥을 잡는 수밖에 없다. 인공지능이 아무것도 모르는 나를 데리고 완벽한 데이터 분석을 해준다고 생각해서는 안 된다. 데이터에 대해 아무것도 모르면서 챗GPT의 도움만 받으면 해결될 것이라는 생각은 착각이다.

공자가 말한 '알아야 면장을 하지'라는 말이 인공지능시대에도 그대로 통용된다. 어떤 일을 하려면 충분한 실력을 갖추어야 한다는 말이다. 데이터 분석에 대해 어느 정도는 알고 있어야 챗GPT에 도움을 받아 보다 높은 성과를 만들어 낼 수 있다.

소개한 예시는 하나의 사례일 뿐이며 파이썬으로 데

이터 분석이 가능한 거의 모든 분석과 그래프 작업을 챗 GPT를 통해서도 할 수 있다. 파이썬으로 할 수 있는 거의 모든 통계 분석 기법을 수행한다는 뜻은 엑셀+KESS, 파워BI에서 수행하지 못했던 분석을 챗GPT로도 할 수 있음을 뜻한다.

만약, 내 지식이 부족하다고 생각한다면 챗GPT에 물어가면서 하나씩 분석 계획을 세우면 된다. 챗GPT는 날개다. 훨훨 날지 그러지 못할지는 본인 하기 나름이다. 사용자가 인공지능을 어떻게 활용하느냐에 따라 새로운 가능성은 얼마든지 열려 있다.

데이터 마인드 기르는 습관

2 현업 실무자와의 Q & A

데이터가 거의 모든 비즈니스 의사결정에 사용되고 있다. 최근에는 대부분의 사무직 직원들도 데이터를 활용하여 업무를 하고 보고하라는 지시를 받고 있다. 문제는 데이터가 어떻게 수집되고 분석되는지 모르는 상태에서 무분별하게 사용된다는 점이다.

현업의 상황은 매우 다양하다. 업종에 따라서도, 직무에 따라서도, 직급에 따라서도 다르다. 예를 들어, 부산에 있는 어떤 신발 제조기업은 데이터 기반으로 보고하라는 지시를 최고경영자로부터 받고 모두 혼란에 빠졌다. 이 기업은 전형적인 주문자생산방식OEM으로 해외에 공장을 두고 신발을 생산한다. 국내 직원들은 대부분 생산 관리직 업무를 담당한다. 그런데 어느 날 갑자기 데이터 분석을 하라고 하니 혼란스러울 수밖에 없다.

공공부문도 마찬가지다. 데이터기반행정활성화에 관한 법률(약칭: 데이터기반행정법)이 제정되어 시행되고 있다 (2020년). 데이터를 기반으로 객관적이고 과학적인 행정을 통하여 공공기관의 책임성, 대응성 및 신뢰성을 높이고 국민의 삶의 질을 향상시키고자 한 것이다. 공무원들도 어느 날 갑자기 데이터를 기반으로 행정을 해야 하는 상황이 된 셈이다. 보고 역시도 데이터를 근거로 해야 한다.

이처럼 다양한 업에서 다양한 니즈를 갖고 있는 현업 실무자들이 가장 궁금해하는 것은 무엇일까? 실제 필자가 현장 강의를 다니면서 자주 받았던 질문을 놓고 답변을 해보았다.

Q1) 처음으로 분석 및 보고서 작업을 해야 하는데 방향을 잡지 못하고 있습니다. 어떻게 해야 합니까?

A1) 분석 및 보고서 업무를 처음 하게 되면 스스로 부족한 부분을 많이 느낍니다. 진행 상황이나 부분적인 결과를 공유하지 않고 완성이 될 때까지 혼자 끙끙거리는 경우가 대부분입니다. 이러면 대부분 좋은 결과로 끝나지 않습니다. 초보자일수록 일정 기간(예를 들어 1주일)이 경과할 때마다 중간중간 간략한 보고를 하고, 상사의 의견을 반영하는 것이 좋습니다. 만약, 한 달 시한으로 데이터 분

석을 하고 보고하라고 지시를 받았습니다. 한 달이 다 되어 분석 결과를 보고하러 갔는데, 방향이 잘못되었다고 합니다. 그러면 한 달간 한 모든 작업은 고스란히 쓰레기가 됩니다. 중간중간 간이 보고를 하면서 방향을 잡고 의견을 구하는 것이 좋습니다. 데이터 수집이나 분석 방법에 도움을 구하면 실수가 줄어들게 됩니다. 다만, 너무 자주 보고하거나 너무 의존적으로 도움을 요청하게 되면, 상사 입장에서는 일을 시킨 의미가 없어지고 부하직원을 무능하게 볼 가능성이 있습니다. 증권사의 리서치 보고서를 참고하면 좋습니다. 형식이나 작성 방법, 근거 제시 등 보고서 작성에 많은 도움을 얻을 수 있습니다.

Q2) 아직까지 한 번도 사내에서 서베이를 한 적이 없는데, B2B 기업의 경우에도 시장조사를 할 수 있습니까? 한다면 어떻게 해야 하는지 궁금합니다.

A2) B2B 기업도 방법을 조금만 익히면 시장조사를 할 수 있습니다. 산업재(조선, 반도체 등)는 실제 제품 사용자인 생산현장의 기술자를 대상으로 조사할 수 있습니다. 예를 들어, 미래형 자동차의 부품을 생산하는 중소기업이라면 서베이는 어려울 것입니다. 이 경우 시장의 변화, 기술의 변화를 미리 파악하는 시장조사로 전문가 인터뷰 등이 가능합니다. 서베이만 시장조사가 아니며 정성적인 조사 방

법도 좋은 시장조사 방법이란 점을 기억해야 합니다.

Q3) 어떻게 해야 통찰을 잘할 수 있는지 그리고 통찰력을 기르기 위한 조언을 부탁드립니다.

A3) 무엇이 통찰인지부터 생각해봅시다. 좋은 성과가 있었던 과거의 의사결정이 통찰입니다. 2014년 신제품으로 '허니버터칩'을 개발하기 위한 해태제과의 의사결정은 엄청난 통찰이었습니다. 실적으로 증명되었습니다. 그러면 지금은 어떨까요? 시간이 흐르면서 시장 상황이 많이 달라졌습니다. 고객의 입맛도 변했습니다. 늘어나는 수요를 맞추기 위해 생산라인을 증설했기 때문에 생산량은 많고 판매는 둔화되어 재고는 쌓여가는데 새로운 프로모션은 효과가 없습니다. 그래서 지금은 어떤 통찰도 느끼기 어렵습니다. 그때는 통찰이 맞고 지금은 아닙니다. 그럼에도 통찰 역량을 높이기 위한 노력은 계속되어야 합니다. 세심하게 사물을 관찰하고, 고객의 행동을 분석하고, 시장의 변화를 감지하는 능력을 높이면 어느 순간 통찰이 되고 있음을 알 수 있습니다. 통찰을 잘하려면 분석 능력, 창의력, 설득력 등을 길러야 합니다. 그리고 많은 경험이 필요합니다.

Q4) 빅데이터를 기반으로 의사결정을 해야 하는 빈도가 높아지는

데, 데이터를 수집하고 분석하는 것이 현실적으로 쉽지가 않습니다. R이나 파이썬을 학습하면 내가 원하는 결과를 얻고 의사결정에 사용할 수 있나요? 어떻게 해야 데이터를 업무에 활용할 수 있나요?

A4) 점점 더 데이터를 배제한 상태에서 직감으로만 나의 주장과 기획을 제안하기 어려워지고 있습니다. 국내 굴지의 모 기업 역시 같은 고민이 있었습니다. 그 회사는 직원들에게 데이터 분석에 대한 교육 과정을 만들어 데이터에 대한 문턱을 넘을 수 있도록 했습니다. 문턱을 넘기 위해서는 데이터로 생각하고, 분석적 사고를 하고, 실제 분석 과제를 통해 경험을 쌓는 수밖에 없습니다. 다만 R이나 파이썬을 배우고 코딩을 하는 방법은 누구나 쉽게 하는 일은 아닙니다. 우리는 현업 실무자로 엑셀과 빅카인즈나 구글, 네이버 등에서 제공하는 분석 플랫폼을 활용해 셀프 분석하는 문턱부터 넘어야 합니다.

Q5) 데이터 리터러시라는 용어에 대한 고민이 많습니다. 국가 업무를(공무) 하면서 데이터와 근거를 가지고 의사결정을 해야 하는 데 그런 데이터를 찾을 수가 없습니다. 어떻게 하면 좋을까요?

A5) 데이터는 1차 데이터와 2차 데이터로 구분할 수 있습니다. 목적에 따라 직접 구해야 하는 1차 데이터도 있고, SNS에 널려 있는 텍스트 데이터 같은 2차 데이터도 있습니다. 문제를 먼저 정의한다면 그 문제를 해결하는

데 필요하고 적합한 데이터를 수집할 수 있습니다. 이 접근이 중요합니다. 데이터가 먼저가 아니고 문제 정의가 먼저입니다. 데이터는 주어지는 것이 아니라 적극적으로 수집을 해야 하는 경우가 훨씬 많습니다. 문제가 무엇인지조차 정해지지 않았는데 데이터가 준비되어 있을 리 없습니다. 문제를 해결하기 위해 1차 데이터를 직접 수집하는 연습이 필요합니다. 가장 좋은 방법의 하나로 A/B 테스트와 같은 방법으로 데이터를 수집하고, 이를 통계적 검정을 함으로써 의사결정을 하는 것입니다.

Q6) 고객만족도 조사 질문(설문지)에서 "매우 불만족 - 불만족 - 보통 - 만족 - 매우 만족" 등으로 척도를 만드는 것을 두고 서열척도라고 배웠습니다. 그런데 이렇게 하면 안 되고 등간척도를 사용해야 한다고 합니다. 이는 이전에 배웠던 내용과 달라서 혼란스럽습니다. (이 질문에서 서열척도로 배웠다고 한 부분은 잘못 배운 것이며, 고객만족도는 등간척도가 맞다고 설명한 상태임)

A6) 고객만족도를 측정하는 목적은 지수(보통은 평균 mean)를 내서 목표에 도달했는지 여부를 파악하는 것입니다. 그리고 어떤 기준과 비교해 경쟁력을 판단하기 위한 조사와 분석을 합니다. 평균을 구할 수 있으려면 등간 혹은 비율척도를 사용합니다. 일반적으로는 등간척도를 사용합니다. 매우 불만족에서 시작해서 매우 만족으로 끝나

는 선택지는 명목척도입니다. 여기서 번호는 분석을 위한 코딩일 뿐이며 의미(순서)는 없습니다. 번호를 바꿔도 문제가 없으면 명목입니다. 순서가 있는 것 같아서 서열척도라고 하면 안 됩니다. 서열은 달리기를 했을 때 1등, 2등하는 것과 같은 것을 말합니다. 등간척도는 간격이 동일한 등간격으로 되어 있어야 합니다. 그리고 왼쪽으로 갈수록 부정적인, 오른쪽으로 갈수록 긍정적인 의미가 있도록 척도화하고 그런 다음 중간점(그저 그렇다)을 제시하는 것이 좋습니다. 보통 5점 등간척도 혹은 7점 등간척도를 많이 사용합니다. 질문에 예시한 대로 명목척도로 측정했다면 비록 수치로 데이터가 입력되어 있어도 계산을 하면 안 됩니다. 즉, 평균을 구할 수 없다는 의미입니다. 지수(평균)로 보고하려면 연속형 척도인 등간 혹은 비율척도로 측정해야 합니다.

Q7) 어떤 기업에 입사지원서를 제출한 상태이고, 곧 면접을 보게 될 예정입니다. HRD와 관련된 분야에 지원하게 되었습니다. 데이터 분석 업무를 하고 싶다고 해도 될까요?

A7) 데이터 분석 관련 업무를 하고 싶다가 아니라 어떤 데이터 분석을 해봤다고 하는 게 좋을 것 같습니다. 예를 들어 "지원한 회사의 홈페이지에 들어가서 HRD 관련 훈련 과목을 검토하고 그 과목에 대해 데이터 분석을 했

습니다. 그 결과 이러한 시사점을 얻었습니다. 혹은 소셜 미디어에서 지원한 회사의 주요 사업과 산업교육과 관련된 이슈에 대한 빅데이터를 수집해서 텍스트 마이닝을 해보니 이런저런 키워드가 많이 언급되었는데, 앞으로 이런 주제에 대한 교육을 기획하여 직원들의 역량을 강화하고 싶습니다"라고 하면 좋은 답변이 될 것입니다.

3 데이터 마인드 강화를 위한 도서 추천

- 『3일 만에 끝내는 코딩+통계』, 박준석 저, 사회평론아카데미, 2021.
- 『누워서 읽는 통계학』, 와쿠이 요시유키, 와쿠이 사다미 저, 권기태 역, 한빛아카데미, 2021.
- 『대량살상 수학무기』, 캐시 오닐 저, 김정혜 역, 흐름출판, 2017.
- 『데이터 문해력』, 카시와기 요시키 저, 강모희 역, 프리렉, 2021.
- 『데이터 분석의 힘』, 이토 고이치로 저, 전선영 역, 인플루엔셜, 2018.
- 『마케팅 리서치(개정판)』, 이명식, 구자룡, 양석준 저, 형설출판사, 2017.

- 『말로만 말고 숫자를 대봐』, 토머스 대븐포트, 김진호 저, 김진호 역, 엠지엠티북스, 2013.
- 『모두 거짓말을 한다』, 세스 스티븐스 다비도위츠 저, 이영래 역, 더퀘스트, 2022.
- 『빅데이터를 지배하는 통계의 힘』, 니시우치 히로무 저, 신현호 역, 비전코리아, 2023.
- 『새빨간 거짓말 통계』, 대럴 허프 저, 박영훈 역, 청년정신, 2022.
- 『세상을 읽는 새로운 언어-빅데이터』, 조성준 저, 21세기북스, 2019.
- 『수학의 쓸모』, 닉 폴슨, 제임스 스콧 저, 노태복 역, 더퀘스트, 2020.
- 『숫자는 거짓말을 한다』, 알베르트 카이로 저, 박슬라 역, 웅진지식하우스, 2020.
- 『숫자에 약한 사람들을 위한 통계학 수업』, 데이비드 스피겔할터 저, 권혜승, 김영훈 역, 웅진지식하우스, 2020.
- 『스몰데이터』, 마틴 린드스트롬 저, 최원식 역, 로드북, 2017.
- 『신호와 소음』, 네이트 실버 저, 이경식 역, 더퀘스트, 2021.
- 『실험의 힘』, 마이클 루카, 맥스 베이저만 저, 강주헌 역, 안드로메디안, 2021.

- 『원인과 결과의 경제학』, 나카무로 마키코, 쓰가와 유스케 저, 윤지나 역, 리더스북, 2018.
- 『이렇게 쉬운 통계학』, 혼마루 료 저, 안동현 역, 한빛미디어, 2019.
- 『통계 101×데이터 분석』, 아베 마사토 저, 안동현 역, 프리렉, 2022.
- 『통계적으로 생각하기』, 유리 브람 저, 김수환 역, 현암사, 2016.
- 『팩트풀니스』, 한스 로슬링, 올라 로슬링, 안나 로슬링 뢴룬드 저, 이창신 역, 김영사, 2019.
- 『평균의 종말』, 토드 로즈 저, 정미나 역, 21세기북스, 2018.
- 『포스트 프라이버시 경제』, 안드레아스 와이겐드 저, 홍지영 역, 사계절, 2018.

현업 실무자를 위한
노코드 데이터 분석 교육 프로그램 안내

교육대상
- 기업, 공공기관, 공무원 등 현업 실무자로 데이터 관련 업무 경험이 낮은 기획자, 마케터
- 취업 및 직무 전환으로 데이터 분석에 대한 필살기가 필요한 비전공자

교육목표
- 현상 파악, 문제 해결, 효과적인 의사결정 등 데이터 기반 역량을 강화할 수 있다.
- 시장과 고객의 행동 특성에 대한 데이터를 분석하고 그 결과를 바로 활용할 수 있다.
- 전략 수립이나 기획에 데이터 분석 결과를 시각화하여 바로 활용할 수 있다.
- 빅데이터를 활용한 통찰력 있는 의사결정을 위한 정보를 제공

할 수 있다.

- 실무 현장에서 직면하는 문제를 중심으로 직접 데이터 분석과 시각화 실습을 하고 그 결과를 현업에 적용할 수 있다.
- 엑셀, 파워 쿼리, 파워BI, 챗GPT 등을 활용하여 노코드로 데이터 분석을 할 수 있다.

특장점

- 문제 해결을 위한 데이터 수집부터 전처리, 데이터 분석, 시각화 등 일련의 과정을 통해 실전에서 바로 써먹을 수 있는 데이터 분석 역량을 갖출 수 있다.
- 설문조사, 전처리, 데이터 분석, 시각화 등 컴퓨터 실습을 통해 업무에 바로 적용할 수 있는 역량을 갖출 수 있다.
- 엑셀 기반 데이터 분석 실습(Excel, Power Query, Power BI, KESS, 빅카인즈, WordItOut, ChatGPT)으로 비전공자도 코딩 없이 바로 분석 업무을 수행할 수 있다.

교육일정

총 14시간(1일 7시간 기준)

교육과정

주제	내용	방법	시간
1. 데이터 리터러시	빅데이터와 데이터 리터러시 데이터의 종류와 데이터 분석 데이터 분석 도구 이해	강의 토의 사례	1.0H
2. 실습 환경 구축	데이터 분석을 위한 실습 환경 구축 Excel 데이터 분석 및 KESS 설치 Power BI 및 시각적 개체 추가 설치	강의 실습	2.0H
3. 데이터 수집 및 전처리	2차 데이터 활용과 공공 데이터 수집 1차 데이터 수집을 위한 온라인 서베이 엑셀과 파워 쿼리를 이용한 데이터 전처리	강의 사례 실습	2.0H
4. 기초 데이터 분석	데이터 분석을 위한 기초 통계 이해 변수 특성 파악을 위한 기술통계 분석 분포 이해를 위한 히스토그램과 박스 플롯	강의 사례 실습	2.0H
5. 고급 데이터 분석	가설 검정을 위한 분산 분석 실험설계에 의한 A/B 테스트 분석 변수 관계 파악을 위한 상관 분석과 회귀분석	강의 사례 실습	2.0H
6. 텍스트 데이터 분석	텍스트 데이터의 형태소 분석 이해 엑셀 추가기능을 활용한 감성 분석 파워BI를 활용한 워드 클라우드 맵	강의 사례 실습	2.0H
7. 데이터 시각화 분석	데이터 시각화와 차트의 종류 엑셀과 피벗차트를 활용한 데이터 시각화 파워BI로 데이터 요약 및 통계 기반 시각화	강의 사례 실습	2.0H
8. 데이터 활용	챗GPT를 활용한 데이터 분석 데이터 분석의 결과와 결론 그리고 설득 의사 결정을 도와주는 보고서 만들기	강의 사례 실습	1.0H

* 과정의 내용과 시간은 협의를 통해 조정 가능

과정 문의

(주)밸류바인

- e-mail：koo@valuevine.kr / choobo9@gmail.com
- Homepage：www.valuevine.kr

데이터 마인드 기르는 습관

: 기획자 마케터가 데이터 분석가보다 더 나은 의사결정을 하는 법

초판 1쇄 발행 2024년 3월 18일

지은이 구자룡

펴낸인 이승현
디자인 스튜디오 페이지엔

펴낸곳 좋은습관연구소
출판신고 2023년 5월 16일 제 2023-000097호

이메일 buildhabits@naver.com
홈페이지 buildhabits.kr

ISBN 979-11-93639-03-0 (13320)

좋은습관연구소에서는 누구의 글이든 한 권의 책으로 정리할 수 있게 도움을 드리고 있습니다. 메일로 문의주세요.